P9-EEC-009

rózsa
rose
eine Rose

barka
pussy willow
die Weidenkätzchen

macska
cat
die Katze

futball-labda
football
der Fußball

indián
Indian
ein Indianer

varangyos béka
toad
die Kröte

mosómedve
raccoon
der Waschbär

dob
drum
die Trommel

mérges gomba
toadstool
der Giftpilz

ló
horse
das Pferd

szitakötő
dragonfly
eine Libelle

nyúl
rabbit
der Hase

kürt
bugle
das Waldhorn

ápolónő
nurse
die Krankenschwester

beteg
patient
der Patient

róka
fox
der Fuchs

hód
beaver
der Biber

boszorkány
witch
eine Hexe

seprű
broom
der Besen

fekete macska
black cat
eine schwarze Katze

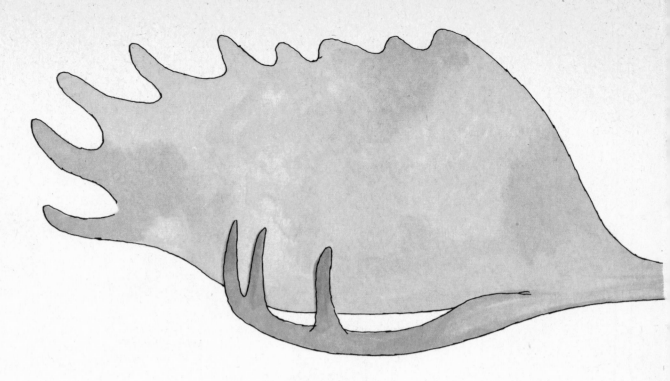

Kedves Olvasó!

Ebben a könyvben több mint 1500 szót és ugyanannyi képet találsz. Sőt mi több, háromszor annyi szót, mert a TESZ-VESZ-SZÓTÁR-ban a magyar szavak mellett angol és német szavakat is találsz. Igazi szótárt tartasz a kezedben, amelyet, remélem, örömmel forgatsz majd, hiszen a képek – mint egy negyedik, közös nyelv – sokat segítenek.

Meglátod, milyen érdekes összehasonlítani a három nyelv szavait. De jó, ha tudod, hogy az angol és a német szavak kiejtése eltér az írásától. Ha még nem tanulsz idegen nyelvet, kérj meg valakit, aki tud angolul vagy németül, hogy tanítson meg a helyes kiejtésre.

Még egy mulatságot találsz majd a könyvben. A könyv írója és rajzolója, Richard Scarry sok apró rejtvényt ad fel neked, így a böngészés mellett még keresgélhetsz is!

Jó szórakozást!

Réz András fordító

szúnyog
mosquito
der Moskito

MÓRA FERENC IFJÚSÁGI KÖNYVKIADÓ

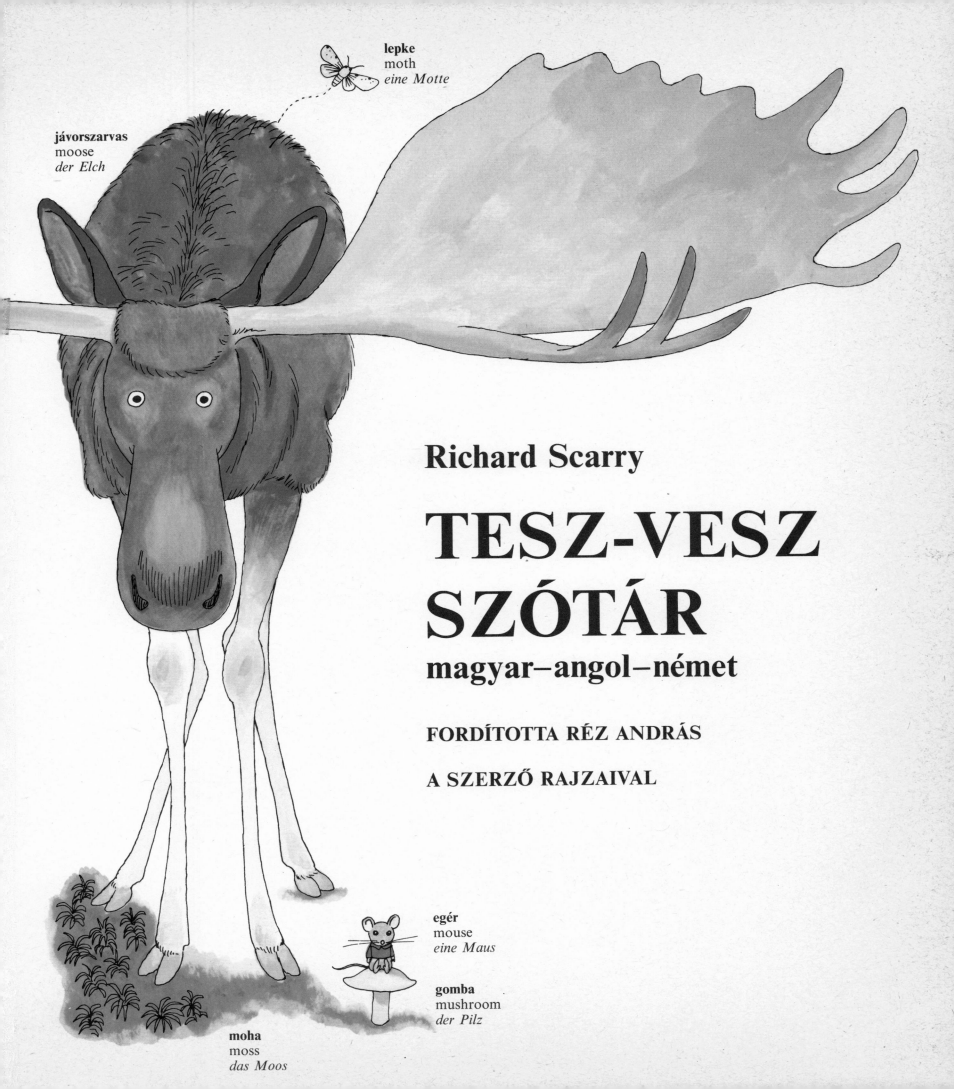

jávorszarvas
moose
der Elch

lepke
moth
eine Motte

Richard Scarry

TESZ-VESZ SZÓTÁR

magyar–angol–német

FORDÍTOTTA RÉZ ANDRÁS

A SZERZŐ RAJZAIVAL

egér
mouse
eine Maus

gomba
mushroom
der Pilz

moha
moss
das Moos

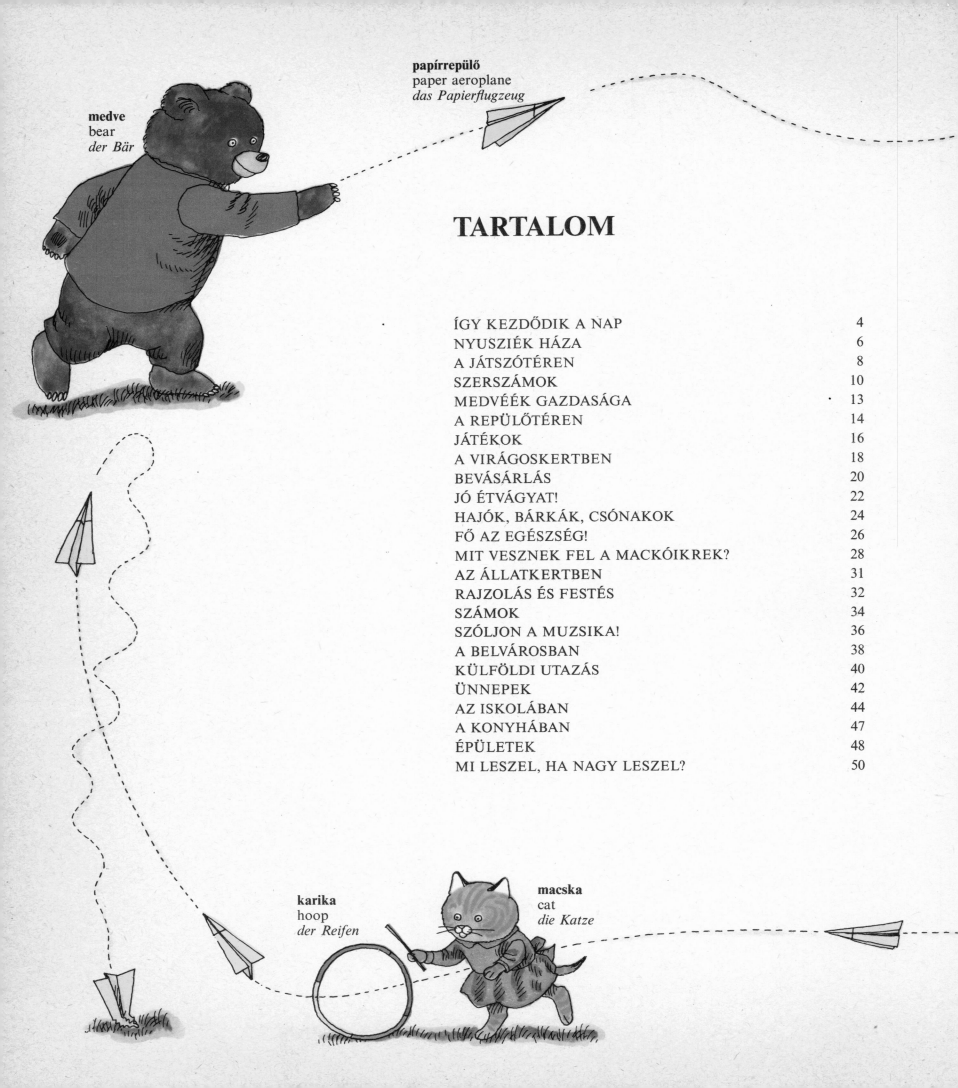

medve
bear
der Bär

papírrepülő
paper aeroplane
das Papierflugzeug

TARTALOM

ÍGY KEZDŐDIK A NAP	4
NYUSZIÉK HÁZA	6
A JÁTSZÓTÉREN	8
SZERSZÁMOK	10
MEDVÉÉK GAZDASÁGA	13
A REPÜLŐTÉREN	14
JÁTÉKOK	16
A VIRÁGOSKERTBEN	18
BEVÁSÁRLÁS	20
JÓ ÉTVÁGYAT!	22
HAJÓK, BÁRKÁK, CSÓNAKOK	24
FŐ AZ EGÉSZSÉG!	26
MIT VESZNEK FEL A MACKÓIKREK?	28
AZ ÁLLATKERTBEN	31
RAJZOLÁS ÉS FESTÉS	32
SZÁMOK	34
SZÓLJON A MUZSIKA!	36
A BELVÁROSBAN	38
KÜLFÖLDI UTAZÁS	40
ÜNNEPEK	42
AZ ISKOLÁBAN	44
A KONYHÁBAN	47
ÉPÜLETEK	48
MI LESZEL, HA NAGY LESZEL?	50

karika
hoop
der Reifen

macska
cat
die Katze

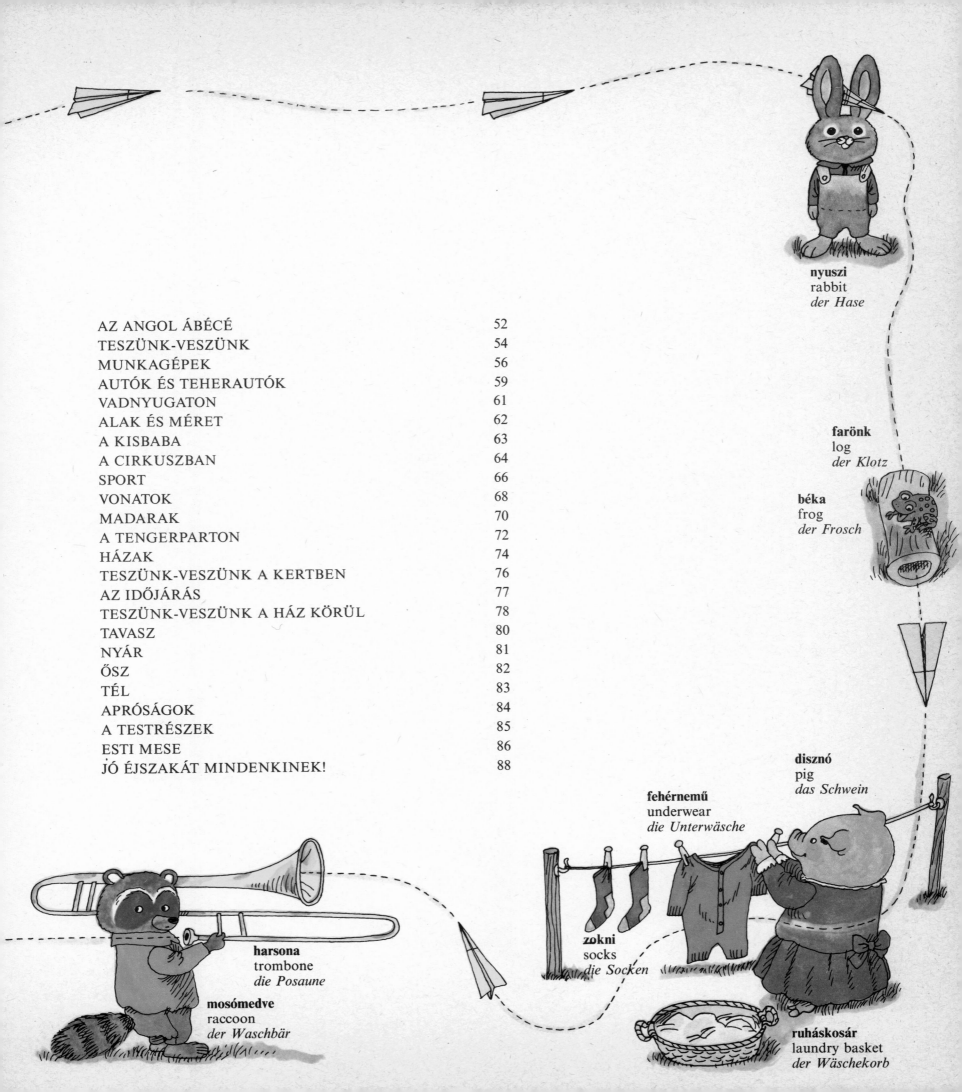

nyuszi
rabbit
der Hase

farönk
log
der Klotz

béka
frog
der Frosch

AZ ANGOL ÁBÉCÉ	52
TESZÜNK-VESZÜNK	54
MUNKAGÉPEK	56
AUTÓK ÉS TEHERAUTÓK	59
VADNYUGATON	61
ALAK ÉS MÉRET	62
A KISBABA	63
A CIRKUSZBAN	64
SPORT	66
VONATOK	68
MADARAK	70
A TENGERPARTON	72
HÁZAK	74
TESZÜNK-VESZÜNK A KERTBEN	76
AZ IDŐJÁRÁS	77
TESZÜNK-VESZÜNK A HÁZ KÖRÜL	78
TAVASZ	80
NYÁR	81
ŐSZ	82
TÉL	83
APRÓSÁGOK	84
A TESTRÉSZEK	85
ESTI MESE	86
JÓ ÉJSZAKÁT MINDENKINEK!	88

disznó
pig
das Schwein

fehérnemű
underwear
die Unterwäsche

harsona
trombone
die Posaune

mosómedve
raccoon
der Waschbär

zokni
socks
die Socken

ruháskosár
laundry basket
der Wäschekorb

ÍGY KEZDŐDIK A NAP

Új nap kezdődik. Felkelt a nap,
és Kismackó is felkelt.

nap
sun
die Sonne

függöny
curtain
der Vorhang

ablak
window
das Fenster

Kismackó felkel
Little Bear gets up
Der kleine Bär steht auf

tükör
mirror
der Spiegel

mosdókesztyű
face cloth
der Waschlappen

szappan
soap
die Seife

törülköző
towel
das Handtuch

Először megmossa az arcát és a kezét,
First he washes his face and hands,
Zuerst wäscht er sich Gesicht und Hände,

fogkefe
toothbrush
die Zahnbürste

fogkrém
toothpaste
die Zahnpaste

azután megmossa a fogát,
then he brushes his teeth
dann putzt er sich die Zähne

fésű
comb
der Kamm

pizsama
pyjamas
das Pyjama

és megfésüli a haját.
and combs his hair.
und kämmt sich die Haare.

ing
shirt
das Hemd

nadrág
trousers
die Hose

Felöltözik.
He dresses himself.
Er zieht sich an.

Beveti az ágyát.
He makes his bed.
Er macht sein Bett.

Amikor hívják, azonnal megy reggelizni.
He comes promptly when he is called to breakfast.
Er kommt sofort, wenn er zum Frühstück gerufen wird.

4

Kismackó egyenesen ül a széken.
The bear sits straight up in his chair.
Der Bär sitzt ganz gerade auf seinem Stuhl.

Nagyon éhes. Ezt eszi:
He is very hungry. This is what he eats:
Er ist sehr hungrig. Dies alles ißt er:

gyümölcslé
fruit juice
Obstsaft

zabkása tejszínnel
porridge with cream
Haferbrei mit Rahm

A kenyérpirítót nem eszi meg.
He does not eat the toaster.
Den Toaströster ißt er nicht.

palacsinta
pancakes
Pfannkuchen

vajjal és szörppel
with butter and syrup
mit Butter und Sirup

tükörtojás
fried eggs
Spiegeleier

szalonna
bacon
Speck

pirítós
toast
Toast

angol teasütemény
muffins
Muffins (englisches Teegebäck)

méz
honey
Honig

lekvár
jam
Marmelade

kakaó
cocoa
Kakao

hideg tej és recés ostya
cold milk and a waffle
kalte Milch und eine Waffel

Amikor megreggelizett, segít a mamájának elmosogatni.
When he has finished eating breakfast he helps his mother to wash up.
Wenn er mit dem Frühstück fertig ist, hilft er seiner Mutter beim Abspülen.

csésze
cup
eine Tasse

csészealj
saucer
eine Untertasse

tányér
plate
der Teller

tál
bowl
die Schüssel

villa
fork
die Gabel

fedő
lid
der Deckel

kés
knife
das Messer

kanál
spoon
der Löffel

pohár
glass
das Glas

befőttesüveg
jam jar
das Einmachglas

korsó
jug
der Krug

palacsintasütő
frying pan
die Bratpfanne

fazék
pot
der Topf

serpenyő
pan
der Tiegel

üveg
bottle
die Flasche

citromfacsaró
lemon squeezer
die Saftpresse

pohár
glass
das Glas

És most már játszhat a barátaival.
Now he is ready to play with his friends.
Jetzt kann er mit seinen Freunden spielen.

5

NYUSZIÉK HÁZA

Nyusziéknál nagy a reggeli sürgés-forgás.
Készülődik a papa, a mama és a gyerekek is,
hiszen barátjuk, Bagoly már alig várja,
hogy együtt játszhassanak.
De hol vannak a nyuszigyerekek?
Keresd meg őket!

apa
father
der Vater

tükör
mirror
der Spiegel

tető
roof
das Dach

lámpa
lamp
die Lampe

kémény
chimney
der Schornstein

ágy
bed
das Bett

hálószoba
bedroom
das Schlafzimmer

tálaló
cupboard
der Schrank

ebédlő
dining-room
das Eßzimmer

asztal
table
der Tisch

konyha
kitchen
die Küche

mosogató
sink
der Spültisch

hátsó ajtó
back door
der Hintereingang

tűzhely
stove
der Herd

padló
floor
der Fußboden

szék
chair
der Stuhl

fejsze
axe
eine Axt

mama
mother
die Mutter

farakás
woodpile
der Holzstoß

pázsit
lawn
der Rasen

madarak fürdőtála
bird bath
ein Vogelbad

bagoly
owl
die Eule

füst
smoke
der Rauch

televízióantenna
television aerial
eine Fernsehantenne

villanykapcsoló
light switch
der Lichtschalter

karosszék
armchair
der Sessel

televíziókészülék
television set
der Fernsehapparat

lemezjátszó
record player
der Plattenspieler

a fiúk hálószobája
boy's bedroom
das Bubenschlafzimmer

fürdőszoba
bathroom
das Badezimmer

emeletes ágy
beds
die Betten

lépcsőház
staircase
das Treppenhaus

bejárati ajtó
front door
die Haustür

nappali
living-room
das Wohnzimmer

gyertya
candle
die Kerze

ablak
window
das Fenster

kép
picture
das Bild

telefon
telephone
das Telefon

lépcső
stairs
die Treppe

kandalló
fireplace
der Kamin

előtér
front hall
die Diele

kanapé
sofa
das Sofa

lábtörlő
doormat
die Fußmatte

kövezett utacska
stone path
der Plattenweg

szőnyeg
rug
der Teppich

A JÁTSZÓTÉREN

A játszótéren a gyerekek jobbnál jobb
játékokat játszanak. Te melyik játékot szereted a legjobban,
és melyik gyerek játszik éppen azzal?

libikóka
see-saw
die Wippe

csúszda
slide
die Rutschbahn

bakugrás
leapfrog
das Bockspringen

bújócska
hide-and-seek
das Versteckspiel

bukfencezés
somersault
der Purzelbaum

körjáték
ring-a-ring-o'-roses
der Ringelreihen

ugrókötelezés
skipping a rope
das Seilspringen

létra
ladder
eine Leiter

gyűrűhinta
rings
die Ringe

hinta
swing
eine Schaukel

mászópózna
sliding pole
die Kletterstange

búgócsiga
top
der Kreisel

görkorcsolya
roller skates
die Rollschuhe

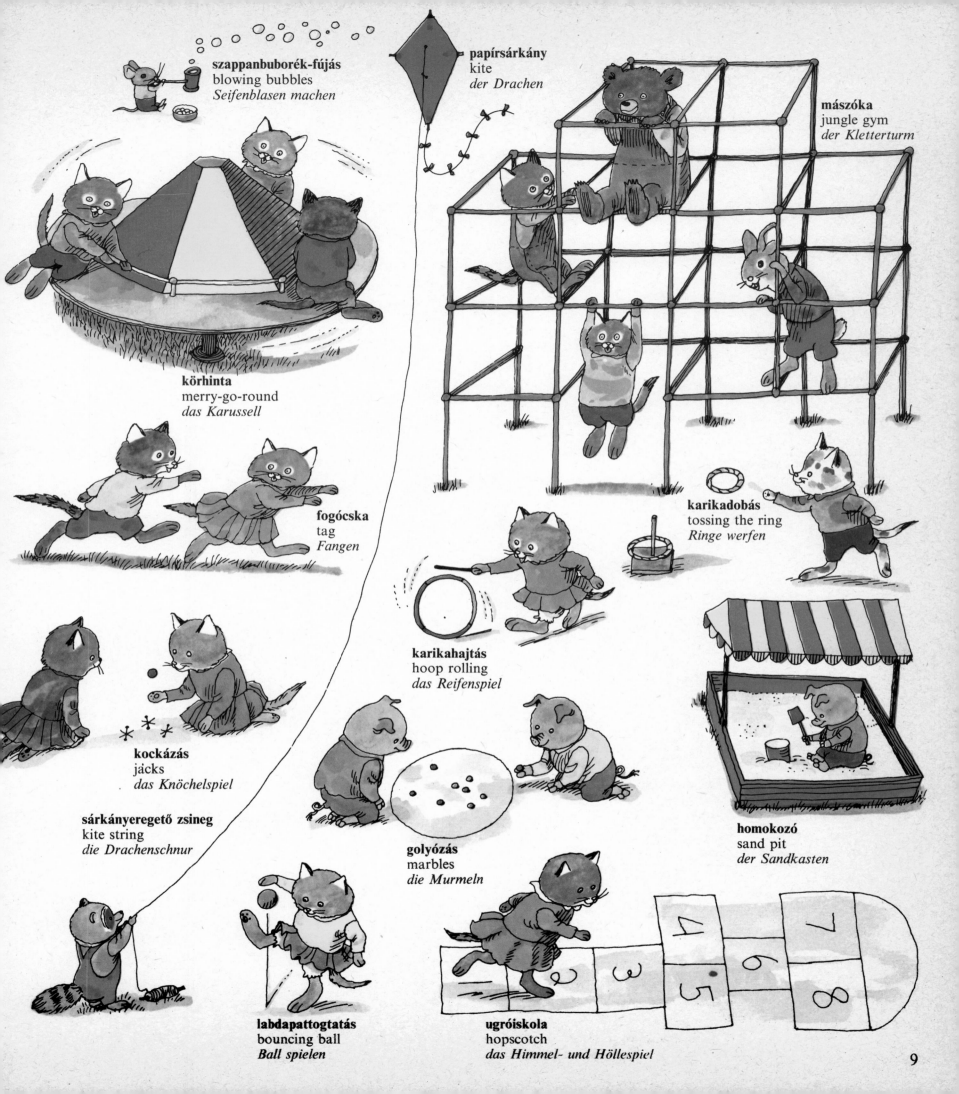

szappanbuborék-fújás
blowing bubbles
Seifenblasen machen

papírsárkány
kite
der Drachen

mászóka
jungle gym
der Kletterturm

körhinta
merry-go-round
das Karussell

fogócska
tag
Fangen

karikadobás
tossing the ring
Ringe werfen

karikahajtás
hoop rolling
das Reifenspiel

kockázás
jacks
das Knöchelspiel

sárkányeregető zsineg
kite string
die Drachenschnur

golyózás
marbles
die Murmeln

homokozó
sand pit
der Sandkasten

labdapattogtatás
bouncing ball
Ball spielen

ugróiskola
hopscotch
das Himmel- und Höllespiel

9

kalapács
hammer
der Hammer

SZERSZÁMOK

szeg
nail
der Nagel

Amint látjátok, itt mindenki dolgozik
valamilyen szerszámmal.
Egyikük mindig magával hordja
a szerszámát. Kicsoda?
Annyit elárulunk,
hogy piros a feje búbja.

rajzszeg
drawing pin
die Reißzwecke

fejsze
axe
die Axt

asztalos
carpenter
der Tischler

deszka
board
das Brett

fűrész
saw
die Säge

csiszolópapír
sandpaper
der Sandpapier

létra
ladder
eine Leiter

fatuskó
log
der Holzklotz

fúró
drill
der Bohrer

fűrészpor
sawdust
das Sägemehl

fémfűrész
hacksaw
die Metallsäge

gyalu
plane
der Hobel

harkály
woodpecker
der Specht

forgács
wood shavings
die Hobelspäne

csavarhúzó
screwdriver
der Schraubenzieher

reszelő
file
die Feile

csavarok
screws
Schrauben

fogó
pliers
die Zange

fűrészgép
jig saw
die Spannsäge

10

keretfűrész
bowsaw
die Bocksäge

kőműveskanál
trowel
die Maurerkelle

habarcskeverő
hoe
die Mörtelhacke

kőműves
bricklayer
der Maurer

fal
wall
die Mauer

tégla
brick
der Ziegelstein

habarcs
cement
der Mörtel

festő-mázoló
painter
der Anstreicher

ecset
paint brush
die Malerbürste

gerenda
timber
das Bauholz

fűrészbak
saw horse
der Sägebock

spárgagombolyag
ball of twine
ein Bindfadenknäuel

festék
paint
die Farbe

hordó
barrel
das Faß

szegecs
tack
ein Stift

kalapács
hammer
der Hammer

szekerce
hatchet
das Beil

mérőlécek
rulers
Zollstöcke

zsebkés
jackknife
das Taschenmesser

szerszámosláda
tool box
der Werkzeugkasten

simítókés
putty knife
der Spachtel

lapát
shovel
die Schaufel

csavar
bolt
der Bolzen

anyacsavar
nut
eine Mutter

derékszög
square
das Winkelmaß

föld
earth
die Erde

franciakulcs
adjustable spanner
der Engländer

csákány
pick axe
die Spitzhacke

körző
compass
der Zirkel

talicska
wheelbarrow
der Schubkarren

ragasztó
glue
der Leim

11

szélkakas
weather cock
der Wetterhahn

madárijesztő
scarecrow
eine Vogelscheuche

varjú
crow
eine Krähe

eke
plough
der Pflug

szántóföld
field
der Acker

traktor
tractor
der Traktor

szénapadlás
hayloft
der Heuboden

pajta
barn
die Scheune

kecske
goat
die Ziege

istálló
stable
der Stall

tejeskanna
milk churn
die Milchkanne

konzervdoboz
tin can
die Blechdose

vödör
pail
der Eimer

lovaskocsi
cart
der Wagen

tyúk
hen
die Henne

kakas
cock
der Hahn

teherautó
truck
der Lastwagen

csibe
chick
das Küken

kutyaól
dog kennel
eine Hundehütte

disznó
pork
das Schwein

disznóól
pigsty
der Schweinestall

12

szénakazal
haystack
der Heuhaufen

tehén
cow
die Kuh

almafa
apple tree
der Apfelbaum

tanyaház
farmhouse
das Bauernhaus

szivattyús kút
water pump
die Pumpe

mező
meadow
die Wiese

ló
horse
das Pferd

kerítés
fence
der Zaun

alma
apple
der Apfel

birka
sheep
das Schaf

fű
grass
das Gras

szárítókötél
clothes-line
die Wäscheleine

ruháskosár
clothes-basket
der Wäschekorb

MEDVÉÉK GAZDASÁGA

Medve gazdáéknál nagy a sürgés-forgás.
Mit csinál Medvéné? Hát a kacsák? A ló éppen pihen, kifogták.
Hol lenne a helye, ha dolgozna?
Mi lenne a dolga a madárijesztőnek?
Mert ahogy elnézem,
rosszul végzi a dolgát.

tyúkól
chicken house
der Hühnerstall

FRISS MÉZ
ÉS
TOJÁS
KAPHATÓ

kút
well
der Ziehbrunnen

kacsaúsztató
duck pond
der Ententeich

méh
bee
die Biene

kacsa
duck
die Ente

kiskacsák
ducklings
die Entenküken

vasvilla
pitchfork
die Mistgabel

méhkas
beehive
der Bienenstock

13

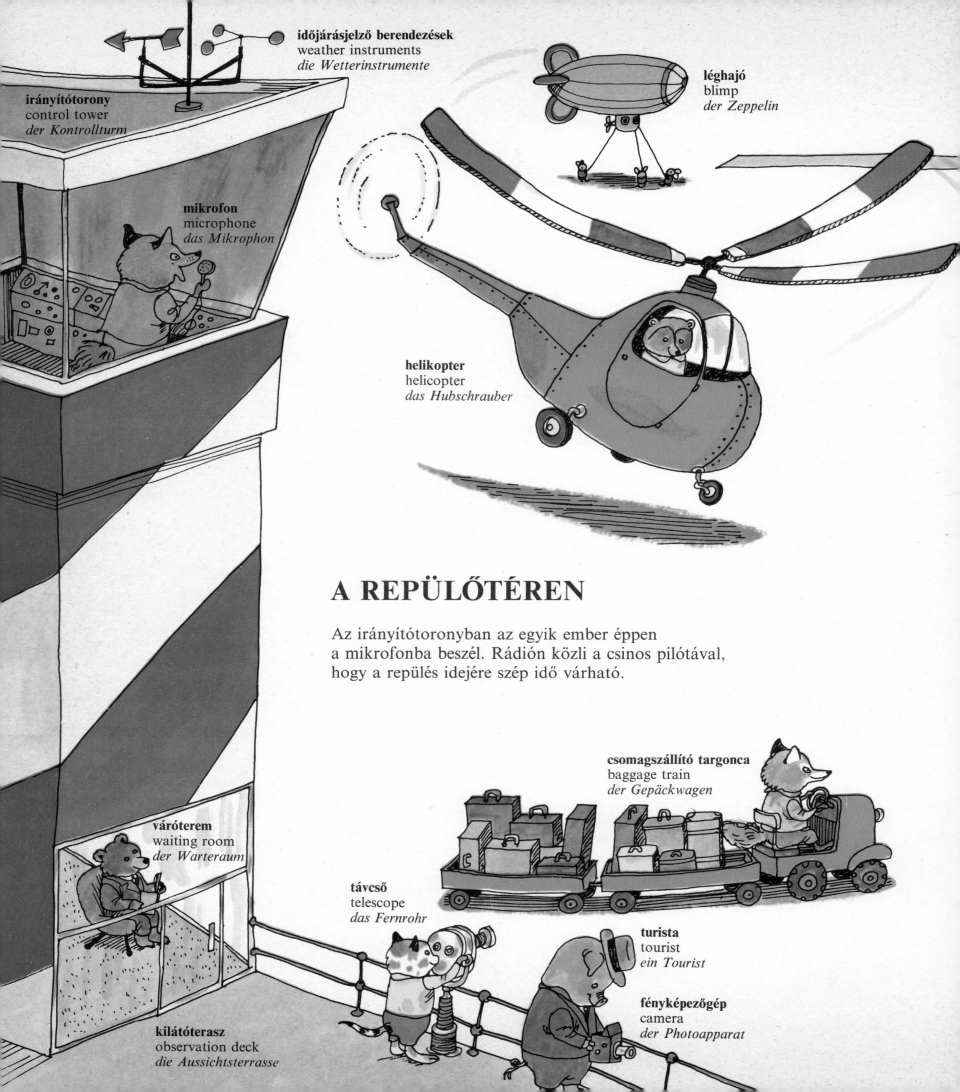

irányítótorony
control tower
der Kontrollturm

időjárásjelző berendezések
weather instruments
die Wetterinstrumente

léghajó
blimp
der Zeppelin

mikrofon
microphone
das Mikrophon

helikopter
helicopter
das Hubschrauber

A REPÜLŐTÉREN

Az irányítótoronyban az egyik ember éppen
a mikrofonba beszél. Rádión közli a csinos pilótával,
hogy a repülés idejére szép idő várható.

csomagszállító targonca
baggage train
der Gepäckwagen

váróterem
waiting room
der Warteraum

távcső
telescope
das Fernrohr

turista
tourist
ein Tourist

fényképezőgép
camera
der Photoapparat

kilátóterasz
observation deck
die Aussichtsterrasse

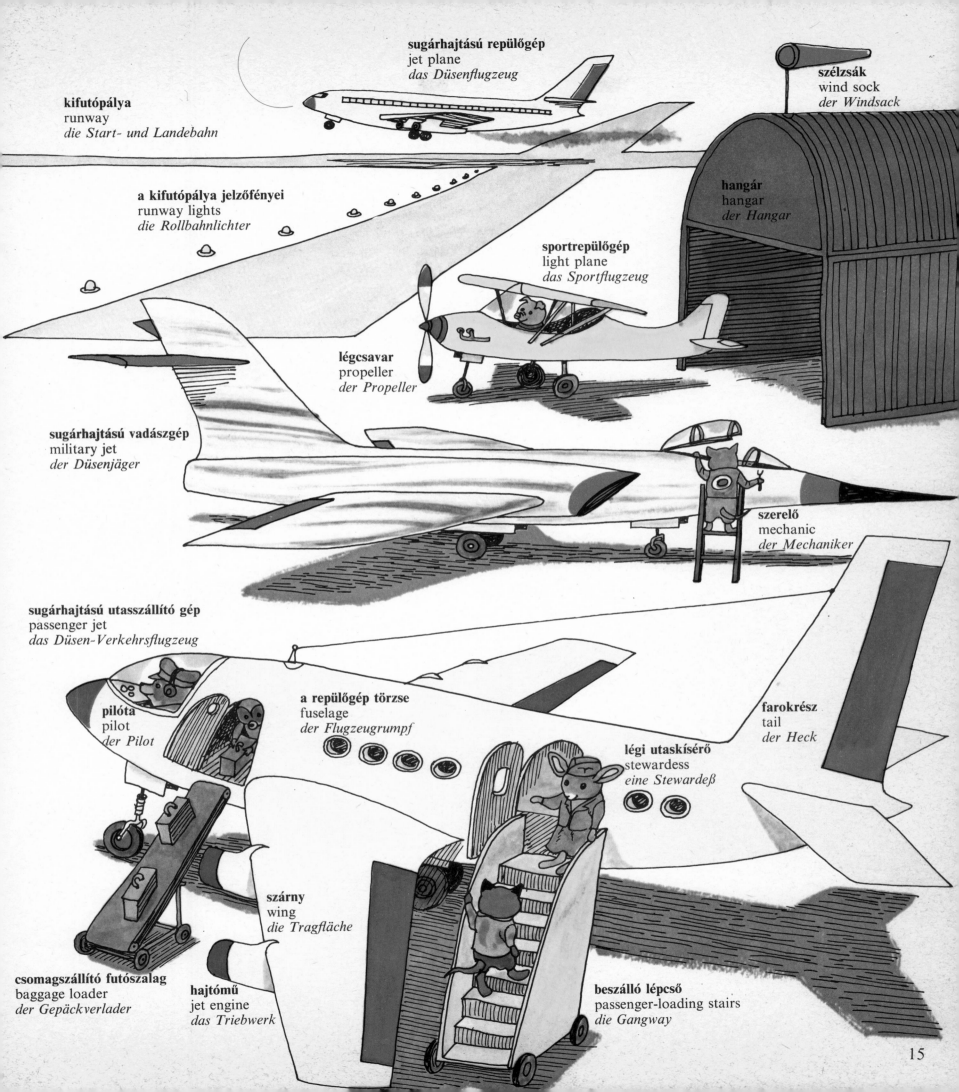

sugárhajtású repülőgép
jet plane
das Düsenflugzeug

kifutópálya
runway
die Start- und Landebahn

szélzsák
wind sock
der Windsack

a kifutópálya jelzőfényei
runway lights
die Rollbahnlichter

hangár
hangar
der Hangar

sportrepülőgép
light plane
das Sportflugzeug

légcsavar
propeller
der Propeller

sugárhajtású vadászgép
military jet
der Düsenjäger

szerelő
mechanic
der Mechaniker

sugárhajtású utasszállító gép
passenger jet
das Düsen-Verkehrsflugzeug

pilóta
pilot
der Pilot

a repülőgép törzse
fuselage
der Flugzeugrumpf

farokrész
tail
der Heck

légi utaskísérő
stewardess
eine Stewardeß

csomagszállító futószalag
baggage loader
der Gepäckverlader

hajtómű
jet engine
das Triebwerk

szárny
wing
die Tragfläche

beszálló lépcső
passenger-loading stairs
die Gangway

15

JÁTÉKOK

Bármilyen szép is egy játék, egyedül játszani nem jó.
A játékban az ember nyerhet is, veszíthet is.
Mackó például most éppen vesztésre áll.
De a következő játszmában már nyerhet.
Mi a véleményed?

tricikli
tricycle
das Dreirad

villanyvasút
electric train
die elektrische Eisenbahn

maci
teddy bear
der Teddybär

baba
doll
die Puppe

építőkocka
blocks
die Holzklötzchen

teherautó és rakodó
lorry and loader
der Lastwagen und der Auflader

Mackó veszít.
Young Bear is losing.
Das Bärchen verliert.

játék
game
das Spiel

Kis nyúl nyer.
Little Rabbit is winning.
Das Häschen gewinnt.

építőjáték
building set
die Bauelemente

vár
castle
die Burg

krokettjáték
croquet
das Krocket

játékkatonák
toy soldiers
die Spielzeugsoldaten

teáskészlet
tea set
das Teeservice

robot
robot
der Roboter

versenyautó
racing car
das Rennauto

írógép
typewriter
die Schreibmaschine

babzsákdobás
bean bags
das Bohnensackspiel

Malacka győz.
Piglet is winning.
Das Schweinchen gewinnt.

babaház
doll's house
das Puppenhaus

hintaló
rocking horse
das Schaukelpferd

roller
scooter
der Roller

repülő
glider
das Flugzeug

íj és nyíl
bow and arrow
Pfeil und Bogen

17

A VIRÁGOSKERTBEN

A tapsifülesek szeretettel gondozzák a virágokat.
Permetezéssel pusztítják el a virágok kártevőit.
Megöntözik a virágokat, hogy szépen fejlődjenek.
Te melyik virágot szereted a legjobban?

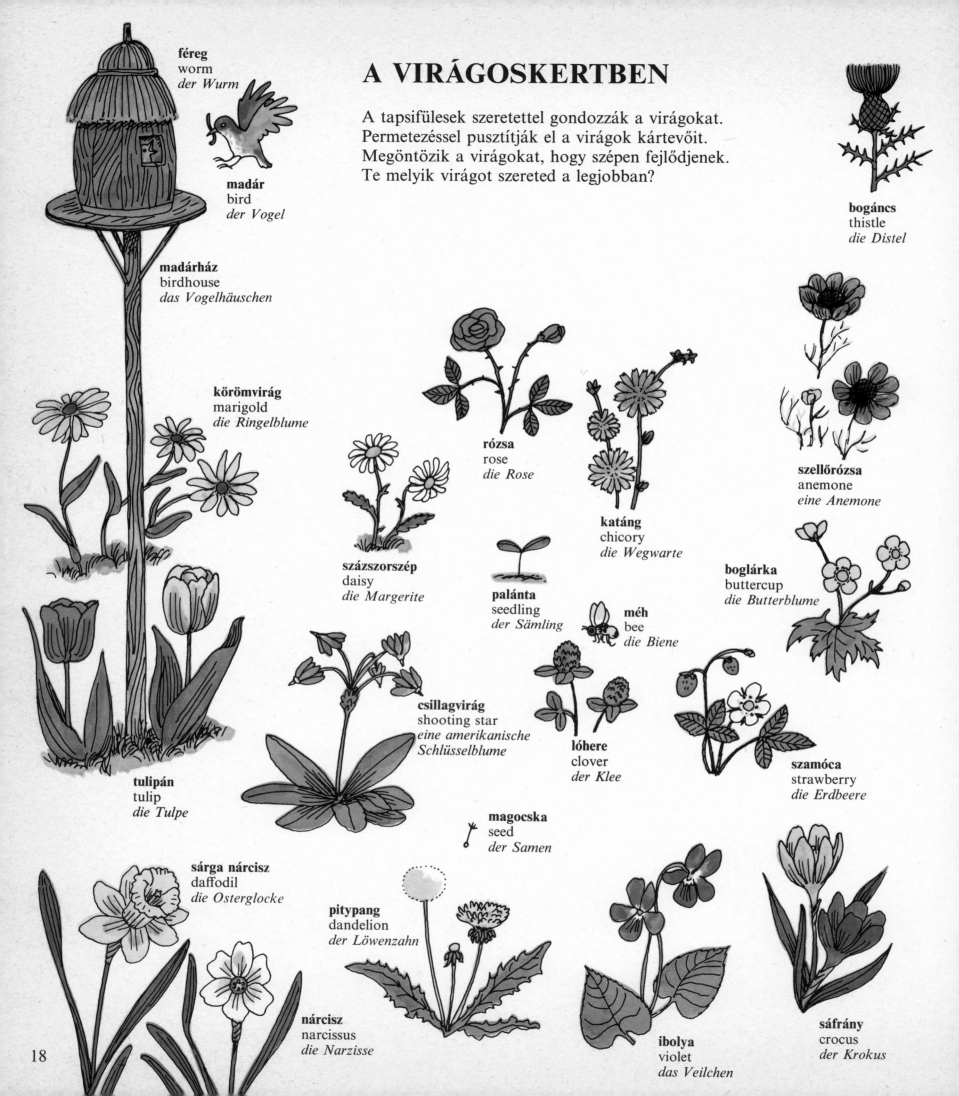

féreg
worm
der Wurm

madár
bird
der Vogel

madárház
birdhouse
das Vogelhäuschen

bogáncs
thistle
die Distel

körömvirág
marigold
die Ringelblume

rózsa
rose
die Rose

szellőrózsa
anemone
eine Anemone

százszorszép
daisy
die Margerite

katáng
chicory
die Wegwarte

palánta
seedling
der Sämling

méh
bee
die Biene

boglárka
buttercup
die Butterblume

csillagvirág
shooting star
*eine amerikanische
Schlüsselblume*

lóhere
clover
der Klee

szamóca
strawberry
die Erdbeere

tulipán
tulip
die Tulpe

magocska
seed
der Samen

sárga nárcisz
daffodil
die Osterglocke

pitypang
dandelion
der Löwenzahn

nárcisz
narcissus
die Narzisse

ibolya
violet
das Veilchen

sáfrány
crocus
der Krokus

18

hajnalka
morning-glory
die blaue Winde

mályvarózsa
hollyhock
die Stockrose

napraforgó
sunflower
die Sonnenblume

vasvirág
zinnia
die Zinnie

gyűszűvirág
foxglove
der Fingerhut

tűzliliom
tiger lily
die Feuerlilie

nefelejcs
forget-me-not
das Vergißmeinnicht

szegfű
pink
die Federnelke

őszirózsa
aster
eine Aster

permetező
insect-spray
*die Spritze gegen
Pflanzenschädlinge*

bögrevirág
Canterbury bell
die Glockenblume

harangvirág
bluebell
die Sternhyazinthe

törökszegfű
sweet william
die Bartnelke

petúnia
petunia
die Petunie

árvácska
pansy
das Stiefmütterchen

rovar
insect
das Insekt

virágkosár
flower basket
der Blumenkorb

pipacs
poppy
der Mohn

magvak
seeds
die Samen

locsolókanna
watering can
eine Gießkanne

ültetőlapát
trowel
die Pflanzenschaufel

talajlazító
cultivator fork
der Kultivator

vetőmagtasak
seed packet
das Samentütchen

gyöngyvirág
lily of the valley
das Maiglöckchen

virágcserép
flower pot
der Blumentopf

gereblye
rake
der Rechen

19

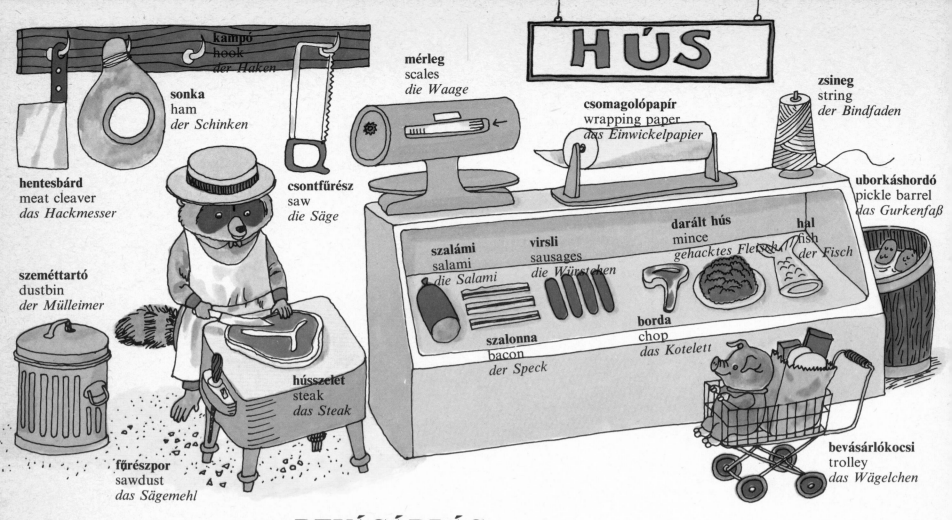

kampó
hook
der Haken

sonka
ham
der Schinken

mérleg
scales
die Waage

HÚS

csomagolópapír
wrapping paper
das Einwickelpapier

zsineg
string
der Bindfaden

hentesbárd
meat cleaver
das Hackmesser

csontfűrész
saw
die Säge

uborkáshordó
pickle barrel
das Gurkenfaß

szeméttartó
dustbin
der Mülleimer

szalámi
salami
die Salami

virsli
sausages
die Würstchen

darált hús
mince
gehacktes Fleisch

hal
fish
der Fisch

borda
chop
das Kotelett

szalonna
bacon
der Speck

hússzelet
steak
das Steak

bevásárlókocsi
trolley
das Wägelchen

fűrészpor
sawdust
das Sägemehl

BEVÁSÁRLÁS

Disznóasszonyság bevásárol a családnak.
Te mit vásárolnál legközelebb a boltban
vagy a piacon?

Szeretnél például savanyú uborkát?
Keresd meg!

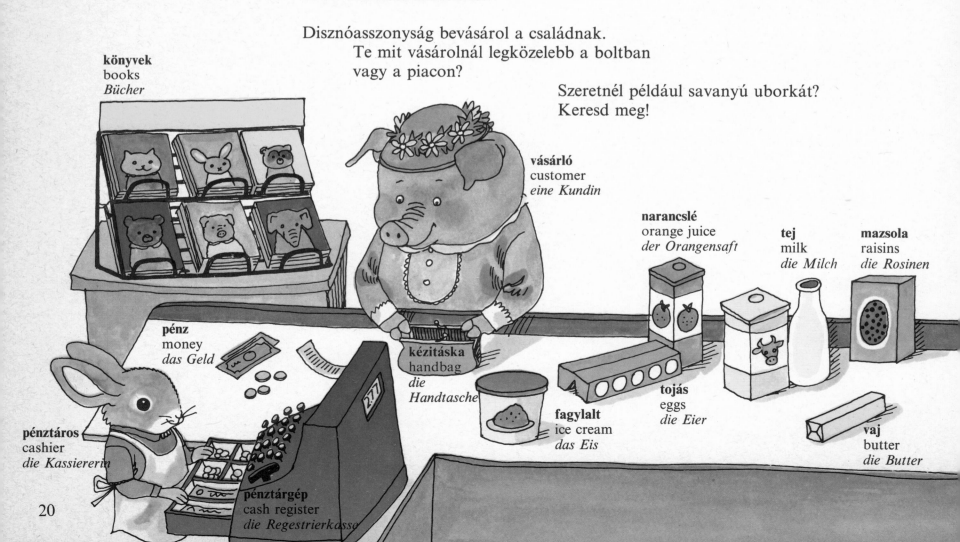

könyvek
books
Bücher

vásárló
customer
eine Kundin

narancslé
orange juice
der Orangensaft

tej
milk
die Milch

mazsola
raisins
die Rosinen

pénz
money
das Geld

kézitáska
handbag
die Handtasche

pénztáros
cashier
die Kassiererin

fagylalt
ice cream
das Eis

tojás
eggs
die Eier

vaj
butter
die Butter

pénztárgép
cash register
die Regestrierkasse

20

GYÜMÖLCS

ananász
pineapple
eine Ananas

banán
bananas
die Bananen

zöldséges
grocer
der Lebensmittelhändler

mérleg
scales
die Waage

alma
apples
die Äpfel

narancs
oranges
die Orangen

körte
pears
die Birnen

grapefruit
grapefruit
die Pampelmusen

sárgadinnye
melons
die Melonen

szőlő
grapes
die Weintrauben

citrom
lemons
die Zitronen

cseresznye
cherries
die Kirschen

eper
strawberries
die Erdbeeren

málna
raspberries
die Himbeeren

áfonya
bilberries
die Heidelbeeren

szilva
plums
die Pflaumen

ZÖLDSÉG

csöves kukorica
corn on the cob
die Maiskolben

zöldbab
beans
die Bohnen

paradicsom
tomatoes
die Tomaten

őszibarack
peaches
die Pfirsiche

fejes saláta
lettuce
der Salat

zöldborsó
peas
die Erbsen

spárga
asparagus
die Spargeln

spenót
spinach
der Spinat

burgonya
potatoes
die Kartoffeln

görögdinnye
watermelon
die Wassermelone

zeller
celery
die Staudensellerie

kókuszdió
coconut
die Kokosnuß

káposzta
cabbage
der Kohl

hónapos retek
beetroots
die roten Rüben

vöröshagyma
onions
die Zwiebeln

karfiol
cauliflower
der Blumenkohl

sárgarépa
carrots
die Mohrrüben

uborka
cucumbers
die Gurken

keksz
biscuits
die Kekse

cukor
sugar
der Zucker

zabpehely
cereal
die Getreideflocken

spagetti
spaghetti
die Spaghetti

téli retek
turnip
die weiße Rübe

konzerv
tinned food
die Konserven

partvis
broom
der Besen

földimogyoróvaj
peanut butter
die Erdnußbutter

bébiétel
baby food
die Babynahrung

sajt
cheese
der Käse

só
salt
das Salz

aszalt sárgabarack
dried apricots
Getrocknete Aprikosen

kenyér
bread
das Brot

lekvár
jam
die Marmelade

21

JÓ ÉTVÁGYAT!

Disznó papa, Disznó mama és kisfiuk, Dagi nagyon szeretnek enni. Most is olyan sokféle étel van az asztalon, hogy alig lehet közöttük megtalálni Dagit.

De te, ugye, megtalálod?

szeletelőkés és villa
carving knife and fork
das Tranchierbesteck

marhasült
roast beef
das Roastbeef

hústál
meat platter
die Fleischplatte

evőkanál
tablespoon
der Eßlöffel

kávéskanna
coffee pot
die Kaffeekanne

teáskanna
teapot
die Teekanne

só
salt
das Salz

bors
pepper
der Pfeffer

villa
fork
die Gabel

lapos tányér
dinner plate
ein flacher Teller

pohár
glass
das Glas

tejszínes kancsó
cream jug
das Sahnekännchen

kés
knife
das Messer

teáskanál
spoon
der Löffel

csésze
cup
die Tasse

csészealj
saucer
die Untertasse

szalvéta
napkin
die Serviette

cukortartó
sugar bowl
die Zuckerdose

pulyka
turkey
der Truthahn

sütemény
cake
der Kuchen

tejeskancsó
milk jug
die Milchkanne

töltelék
stuffing
das Füllsel

sült krumpli
baked potatoes
In der Schale überbackene Kartoffeln

zöldbab
green beans
grüne Bohnen

puding
pudding
der Pudding

hónapos retek
beetroots
rote Rüben

hagyma
onions
die Zwiebeln

krumplipüré
mashed potatoes
der Kartoffelbrei

áfonyazselé
cranberry jelly
das Preiselbeergelee

vaj
butter
die Butter

zöldborsó
peas
die Erbsen

hússzelet
steak
das Steak

leves
soup
die Suppe

jégkrém
ice cream
das Eis

saláta
salad
der Salat

rozskenyér
rye bread
das Roggenbrot

fehér kenyér
white bread
das Weißbrot

zsemle
rolls
die Semmeln

felfújt
pie
der Auflauf

23

kémény
funnel
der Schornstein

tat
stern
das Heck

tengeralattjáró
submarine
das Unterseeboot

hajóorr
bow
der Bug

óceánjáró
ocean liner
der Ozeandampfer

vontatóhajó
tug
der Schlepper

rendőrségi motorcsónak
police boat
das Polizeiboot

RENDŐRSÉG

uszály
barge
der Schleppkahn

komp
ferry boat
die Fähre

kalózhajó
pirate ship
das Piratenschiff

HAJÓK, BÁRKÁK, CSÓNAKOK

A vízen van – mégsem hajó.
Van, amikor segít a hajóknak tájékozódni,
hogy eljuthassanak úticéljukig.
Mi az? Keresd meg! (Nem lesz könnyű megtalálni.)

motorcsónak
motor boat
das Motorboot

kajakevező
paddle
die Paddel

kenu
canoe
das Kanu

evezőlapát
oar
das Ruder

kajak
kayak
der Kajak

evezőscsónak
rowing boat
das Ruderboot

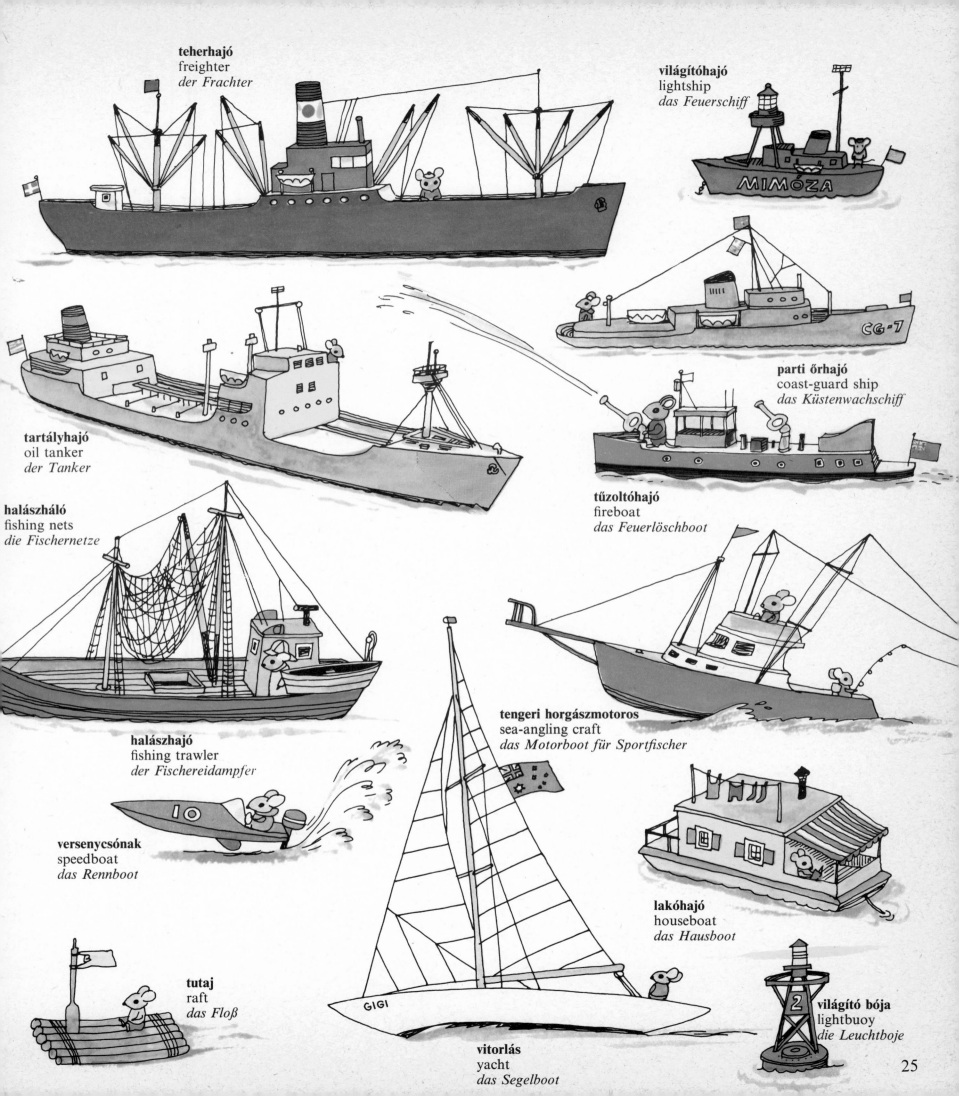

teherhajó
freighter
der Frachter

világítóhajó
lightship
das Feuerschiff

tartályhajó
oil tanker
der Tanker

parti őrhajó
coast-guard ship
das Küstenwachschiff

halászháló
fishing nets
die Fischernetze

tűzoltóhajó
fireboat
das Feuerlöschboot

halászhajó
fishing trawler
der Fischereidampfer

tengeri horgászmotoros
sea-angling craft
das Motorboot für Sportfischer

versenycsónak
speedboat
das Rennboot

lakóhajó
houseboat
das Hausboot

tutaj
raft
das Floß

vitorlás
yacht
das Segelboot

világító bója
lightbuoy
die Leuchtboje

25

FŐ AZ EGÉSZSÉG!

A doktor bácsi és a fogorvos bácsi jó barátaid.
Azt szeretnék, hogy erős, egészséges és jókedvű légy.
Legközelebb igazán mosolyoghatnál egy nagyot rájuk!
Próbáljuk meg máris!

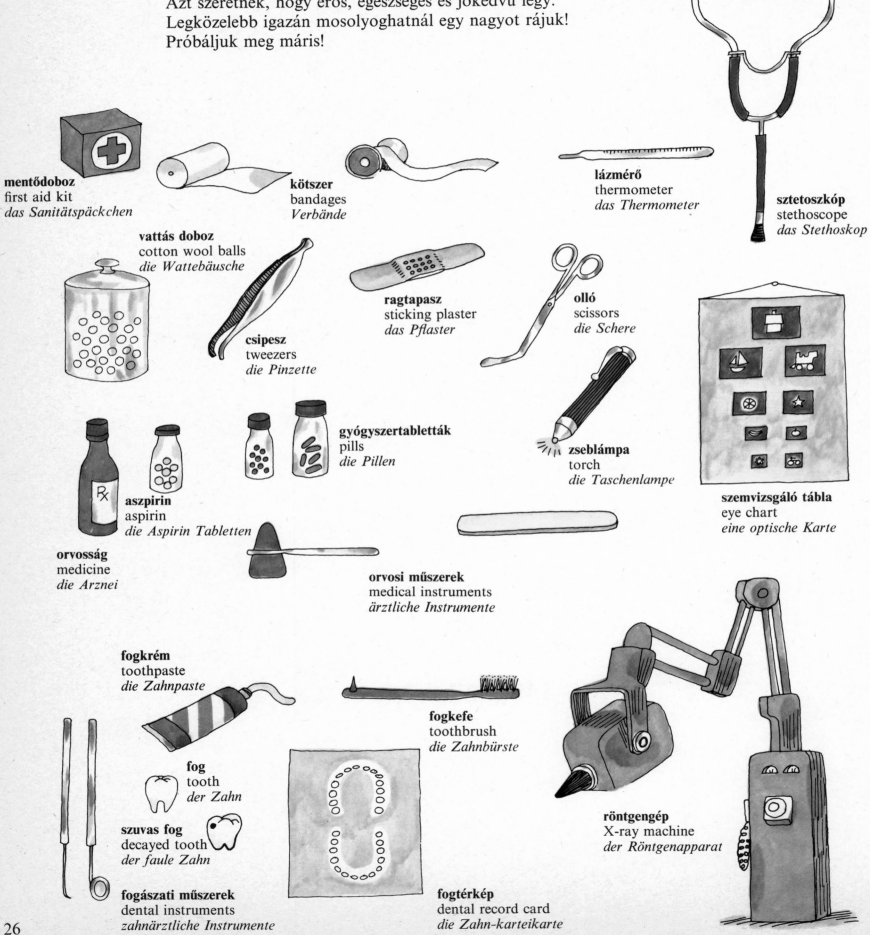

mentődoboz
first aid kit
das Sanitätspäckchen

kötszer
bandages
Verbände

lázmérő
thermometer
das Thermometer

sztetoszkóp
stethoscope
das Stethoskop

vattás doboz
cotton wool balls
die Wattebäusche

csipesz
tweezers
die Pinzette

ragtapasz
sticking plaster
das Pflaster

olló
scissors
die Schere

gyógyszertabletták
pills
die Pillen

zseblámpa
torch
die Taschenlampe

szemvizsgáló tábla
eye chart
eine optische Karte

aszpirin
aspirin
die Aspirin Tabletten

orvosság
medicine
die Arznei

orvosi műszerek
medical instruments
ärztliche Instrumente

fogkrém
toothpaste
die Zahnpaste

fogkefe
toothbrush
die Zahnbürste

fog
tooth
der Zahn

szuvas fog
decayed tooth
der faule Zahn

fogászati műszerek
dental instruments
zahnärztliche Instrumente

fogtérkép
dental record card
die Zahn-karteikarte

röntgengép
X-ray machine
der Röntgenapparat

ápoló
nurse
eine Krankenschwester

kémcső
test tube
das Reagenzglas

Az orvosnál
At the doctor's
Beim Arzt

mérleg
scales
die Waage

beteg
patient
der Patient

orvos
doctor
der Arzt

fogászati fúró
dental drill
der Bohrer

A fogorvosnál
At the dentist's
Beim Zahnarzt

fogorvos
dentist
der Zahnarzt

szájöblítő
mouth-rinse
bowl
das Becken

műszerasztalka
instrument table
der Instrumententisch

pohár
glass
das Glas

fogkezelő berendezés
dental unit
die zahnärztliche Bohrmaschine

fogorvosi szék
dentist's chair
der Stuhl beim Zahnarzt

asszisztensnő
assistant
die Assistentin

27

MIT VESZNEK FEL
A MACKÓIKREK?

Mackó Öcsi fagyos, hideg reggelre ébredt.
Úgy döntött, hogy jó melegen felöltözik,
mielőtt kimenne a szabadba.
Ásított egy nagyot: Fel kellene kelni,
de olyan álmos vagyok.

pizsama alsó
pyjama bottom
die Pyjamahose

papucs
slippers
die Hausschuhe

pizsama felső
pyjama top
die Pyjamajacke

sapka
cap
die Mütze

ing
shirt
das Hemd

nadrág
trousers
die Hose

kantáros nadrág
overalls
der Overall

pulóver
sweater
der Pullover

alsónemű
underwear
die Unterwäsche

zokni
socks
die Socken

téli sapka
cap
eine Winterkappe

sál
muffler
der Schal

tornacipő
plimsolls
die Turnschuhe

kesztyű
gloves
die Handschuhe

nyakkendő
tie
eine Krawatte

dzseki
jacket
eine Jacke

kabát
overcoat
der Mantel

esőkabát
raincoat
ein Regenmantel

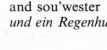

és egy viharkalap
and sou'wester
und ein Regenhut

Amikor indulni készült, utánaszólt a mamája:

„Ne felejtsd el felhúzni a csizmádat!"
"Don't forget to put your boots on!"
„Vergiß nicht, deine Stiefel anzuziehen!"

csizmák
boots
die Stiefel

28

Mackó Öcsi felöltözött, de valami fontosat mégis elfelejtett. Mi az? Mackó Hugi kiugrott az ágyból. Levette csinos hálóingét, és összehajtotta. Így is kell, ugyebár?

hálóing
nightgown
das Nachthemd

bugyi
panties
das Höschen

kombiné
petticoat
der Unterrock

szalag
hair ribbon
eine Haarschleife

fülmelegítő
ear muffs
die Ohrenschützer

blúz
blouse
die Bluse

szoknya
skirt
der Rock

kötényruha
pinafore
die Kinderschürze

harisnya
stockings
die Strümpfe

cipő
shoes
die Schuhe

egyujjas kesztyű
mittens
die Fäustlinge

hóruha
snow suit
der Rodelanzug

Betette a zsebkendőjét
She put her handkerchief
Sie steckte ihr Taschentuch

és a pénztárcáját
and her purse
und ihr Portemonnaie

a retiküljébe.
in her handbag.
in ihre Handtasche.

Nézd csak Mackó Hugit!
Hát nem olyan feledékeny ő is, mint az öccse!

szarvas
deer
der Hirsch

oroszlán
lion
der Löwe

elefánt
elephant
der Elefant

tigris
tiger
der Tiger

pandamackó
panda
der Katzenbär

majmok
monkeys
die Affen

barnamedve
brown bear
ein brauner Bär

gorilla
gorilla
der Gorilla

jegesmedve
polar bear
der Eisbär

bölény
buffalo
der Büffel

teve
camel
das Kamel

zebra
zebra
das Zebra

állatkerti őr
zoo keeper
der Zoowärter

zsiráf
giraffe
die Giraffe

fóka
sea lion
der Seelöwe

leopárd
leopard
der Leopard

gyerekvonat
children's train
die Kinder-Eisenbahn

AZ ÁLLATKERTBEN

Egérkéék elvitték valamennyi
gyermeküket az állatkertbe.
Mindegyik gyerek kapott egy
szép léggömböt is. Csak azt
nem tudom, mit kezdenek majd otthon
ezzel a tengernyi lufival.
Mondd, te melyik állatot
szereted a legjobban?

orrszarvú
rhinoceros
das Nashorn

víziló
hippopotamus
das Nilpferd

RAJZOLÁS ÉS FESTÉS

Mindenki szeret rajzolni és festeni.
Tudnál-e például óriáskereket rajzolni?
Olyat, amelynek az utasai jókedvűek
és festeni is szeretnek!

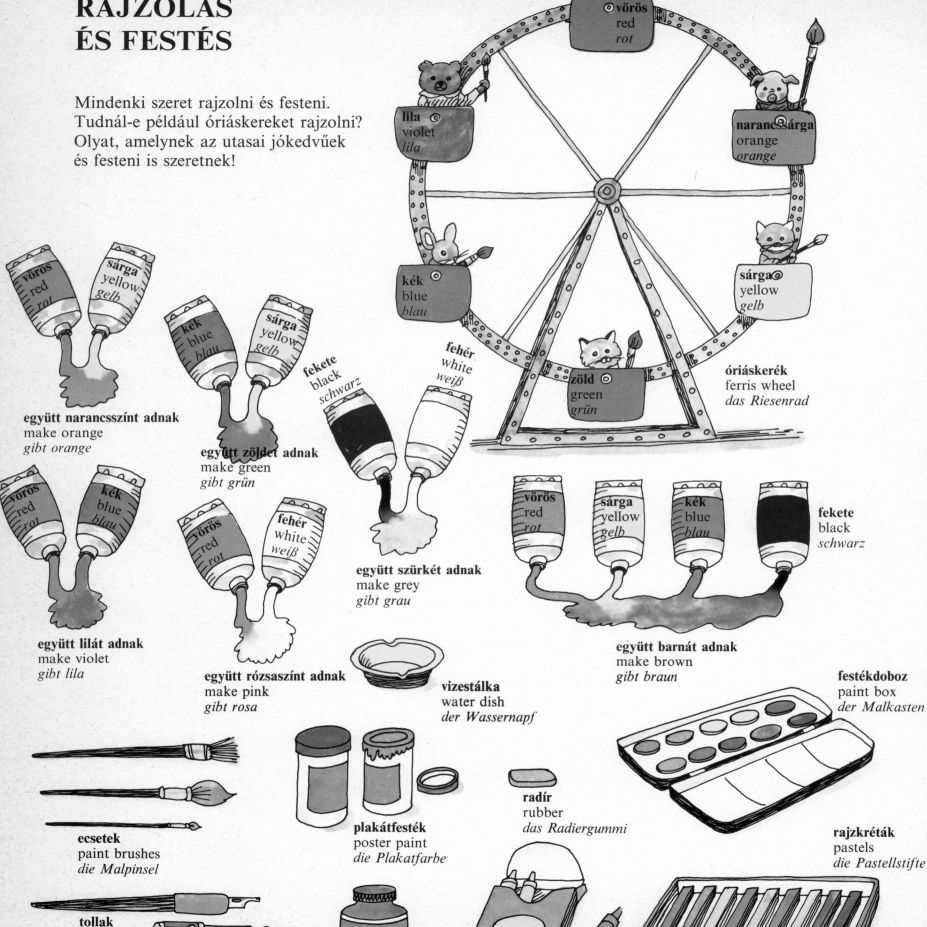

vörös
red
rot

lila
violet
lila

narancssárga
orange
orange

kék
blue
blau

sárga
yellow
gelb

fehér
white
weiß

zöld
green
grün

óriáskerék
ferris wheel
das Riesenrad

fekete
black
schwarz

együtt narancsszínt adnak
make orange
gibt orange

együtt zöldet adnak
make green
gibt grün

együtt szürkét adnak
make grey
gibt grau

együtt lilát adnak
make violet
gibt lila

együtt rózsaszínt adnak
make pink
gibt rosa

vizestálka
water dish
der Wassernapf

együtt barnát adnak
make brown
gibt braun

festékdoboz
paint box
der Malkasten

ecsetek
paint brushes
die Malpinsel

plakátfesték
poster paint
die Plakatfarbe

radír
rubber
das Radiergummi

rajzkréták
pastels
die Pastellstifte

tollak
pens
die Federn

ceruza
pencil
der Bleistift

tinta
ink
die Tinte

színes ceruzák
crayons
die Buntstifte

plakát
poster
das Plakat

falfestmény
mural painting
eine Wandmalerei

festőművész
artist
der Künstler

dinoszaurusz
dinosaur
der Dinosaurier

állvány
scaffold
das Gerüst

krétarajz
pastel sketch
eine Pastellskizze

vászon
canvas
die Leinwand

csendélet
still-life model
das Stilleben

olajfestmény
oil painting
das Ölgemälde

rajztömb
pad of paper
der Zeichenblock

modell
life model
das Modell

paletta
palette
die Palette

festőköpeny
smock
ein Malerkittel.

papír
paper
das Papier

rajz
drawing
die Zeichnung

vízfesték
watercolour
das Aquarell

33

SZÁMOK

Meddig tudsz számolni?
Meg tudnál-e számolni például
húsz katicabogarat?
Fogadjunk, hogy igen!

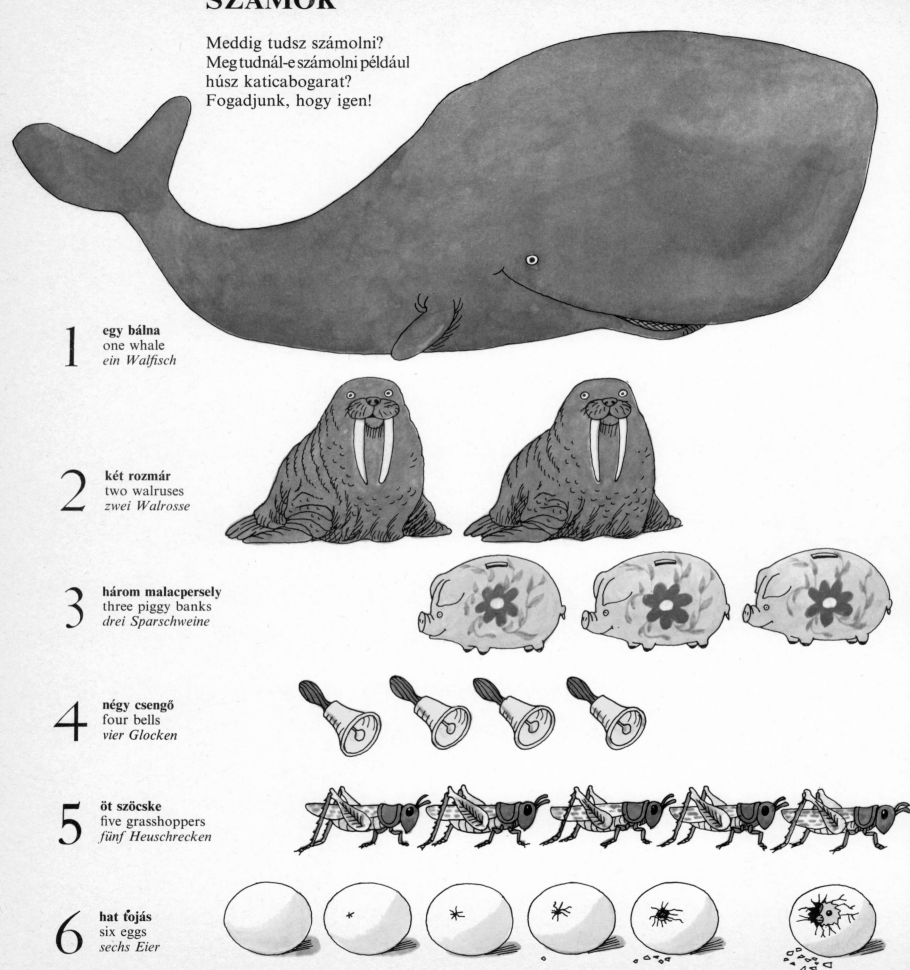

1 **egy bálna**
one whale
ein Walfisch

2 **két rozmár**
two walruses
zwei Walrosse

3 **három malacpersely**
three piggy banks
drei Sparschweine

4 **négy csengő**
four bells
vier Glocken

5 **öt szöcske**
five grasshoppers
fünf Heuschrecken

6 **hat tojás**
six eggs
sechs Eier

7	**hét hernyó** seven caterpillars *sieben Raupen*
8	**nyolc cérnaorsó** eight reels *acht Garnrollen*
9	**kilenc pók** nine spiders *neun Spinnen*
10	**tíz kulcs** ten keys *zehn Schlüssel*
11	**tizenegy hangya** eleven ants *elf Ameisen*
12	**tizenkét gyűrű** twelve rings *zwölf Ringe*
13	**tizenhárom gumicukorka** thirteen gumdrops *dreizehn Gummibonbons*
14	**tizennégy falevél** fourteen leaves *vierzehn Blätter*
15	**tizenöt hópehely** fifteen snowflakes *fünfzehn Schneeflocken*
16	**tizenhat makk** sixteen acorns *sechzehn Eicheln*
17	**tizenhét biztosítótű** seventeen safety pins *siebzehn Sicherheitsnadeln*
18	**tizennyolc gomb** eighteen buttons *achtzehn Knöpfe*
19	**tizenkilenc üveggyöngy** nineteen beads *neunzehn Perlen*
20	**húsz katicabogár** twenty ladybirds *zwanzig Marienkäfer*

SZÓLJON A MUZSIKA!

A karmester pálcájával vezényli a zenekart.
A zenészek jókedvűen muzsikálnak.
Keresd csak meg, melyik a karmester!

nagybőgő
double bass
der Kontrabaß

fagott
bassoon
das Fagott

cselló
cello
das Cello

oboa
oboe
die Oboe

klarinét
clarinet
die Klarinette

fuvola
flute
die Flöte

pikoló
piccolo
die Pikkoloflöte

karmesteri pálca
baton
der Taktstock

brácsa
viola
die Bratsche

hegedű
violin
die Violine

hangversenyzongora
grand piano
der Flügel

karmester
conductor
der Dirigent

dobogó
podium
das Pult

hangjegyek
notes
die Noten

üstdobok
kettle drums
die Kasselpauken

pergődob
snare drum
die Trommel

nagydob
bass drum
die Pauke

cintányér
cymbals
die Becken

triangulum
triangle
der Triangel

szaxofon
saxophone
das Saxophon

vadászkürt
French horn
das Waldhorn

trombita
trumpet
die Trompete

tuba
tuba
die Tuba

tamburin
tambourine
das Tamburin

kornett
cornet
das Kornett

harsona
trombone
die Posaune

bendzsó
banjo
der Banjo

gitár
guitar
die Gitarre

hárfa
harp
die Harfe

fésű és selyempapír
comb and tissue paper
das Kammblasen

angóharmonika
ccordion
ie Ziehharmonika

szájharmonika
harmonica
die Mundharmonika

37

felhőkarcoló
skyscraper
der Wolkenkratzer

antenna
aerial
eine Antenne

templom
church
eine Kirche

KÖNYVKIADÓ

JELMEZEK

LAPKIADÓ VÁLLALAT

Tánciskola

Könyvesbolt

PATIKA

telefonfülke
telephone box
eine Telefonzelle

lakások
flats
die Wohnungen

villanyrendőr
traffic lights
die Verkehrsampel

szállítókocsi
delivery van
der Lieferwagen

utca
street
die Straße

A BELVÁROSBAN

Egérke vásárolt egy könyvet a könyvesboltban.
Most még újságot szeretne venni, azután pedig találkozója
lesz barátaival, a nyuszikkal a vendéglőben.
A nyuszik már ott is vannak, és limonádét isznak.
Mutasd meg, milyen úton juthat el hozzájuk Egérke!
Az úttesten való átkelésnél te is légy óvatos, mindig nézz
körül!

38

irányjelző tábla
signpost
der Wegweiser

park
park
der Park

szálloda
hotel
das Hotel

pad
bench
die Bank

aknanyílás
manhole
ein Kanalisationseinstieg

vendéglő
restaurant
das Restaurant

taxi
taxi
das Taxi

fodrász
hairdresser
der Friseur

szállító tricikli
delivery cycle
das Lieferrad

rendőrautó
police car
eine Funkstreife

autóbusz
bus
der Autobus

járda
pavement
der Bürgersteig

metrólejárat
underground entrance
*der Eingang
zur Untergrundbahn*

újságok
newspapers
die Zeitungen

metróállomás
underground station
der Untergrund bahnhof

újságosbódé
newsagent
der Zeitungsstand

39

KÜLFÖLDI UTAZÁS

Ha külföldre utazol, rengeteg érdekes dolgot láthatsz.
Megtudhatod, hová folyik az ér,
ha nyomon követed az útját.

rádió-adótorony
radio tower
der Funkturm

tenger
ocean
das Meer

sziget
island
eine Insel

gyár
factory
eine Fabrik

tó
lake
der See

benzinkút
petrol station
die Tankstelle

benzinadagoló
petrol pump
die Zapfsäule

alagút
tunnel
der Tunnel

autópálya
motorway
die Autobahn

híd
bridge
eine Brücke

major
farm
der Bauernhof

ér
brook
das Bächlein

vízimalom
mill
die Mühle

patak
stream
der Ba

zuhogó
waterfall
das Wasserfall

pihenőhely
layby
der Rastplatz

40

ÜNNEPEK

Melyik ünnepet szereted a legjobban?
Fogadni mernék, hogy mindegyiket.
Az ünnep mindig nagyon vidám esemény, ugye?
Van, amikor még ajándékot is kapsz.
Mit kaptál tavaly karácsonykor?

ÚJÉV NAPJA
New Year
Neujahr

BÁLINT NAPJA
St. Valentine's Day
der Valentinstag

HÚSVÉT
Easter
Ostern

húsvéti tojás
Easter egg
das Osterei

SZÜLETÉSNAP
Birthday
Geburtstag

léggömbök
balloons
die Ballons

húsvéti nyuszi
Easter bunny
der Osterhase

csibe
chick
das Küken

sütemény
cake
der Kuchen

fagylalt
ice cream
das Eis

tűzijáték
fireworks
das Feuerwerk

FARSANG
The Carnival
Der Karneval

kürt
bugle
das Horn

trombita
trumpet
die Trompete

kisfuvola
fife
die Querpfeife

nagydob
bass drum
die Pauke

pergődob
drum
die Trommel

MINDENSZENTEK ELŐESTÉJE
Hallowe'en
Der Abend vor Allerheiligen

kísértet
ghost
das Gespenst

jelmez
fancy dress
das Maskenkostüm

hold
moon
der Mond

boszorkány
witch
die Hexe

seprű
broom
der Besen

fekete macska
black cat
die schwarze Katze

KARÁCSONY
Christmas
Weihnachten

angyal
angel
der Engel

karácsonyfadíszek
ornaments
der Schmuck

karácsonyfa
Christmas tree
der Weihnachtsbaum

adventi koszorú
wreath
der Kranz

gyertya
candle
die Kerze

magyal
holly
die Stechpalme

díszlámpácskák
fairy-lights
die Lichter

szakáll
beard
der Bart

kandalló
fireplace
der Kamin

zsák
sack
der Sack

Télapó
Father Christmas
der Weihnachtsmann

ajándék
present
das Geschenk

43

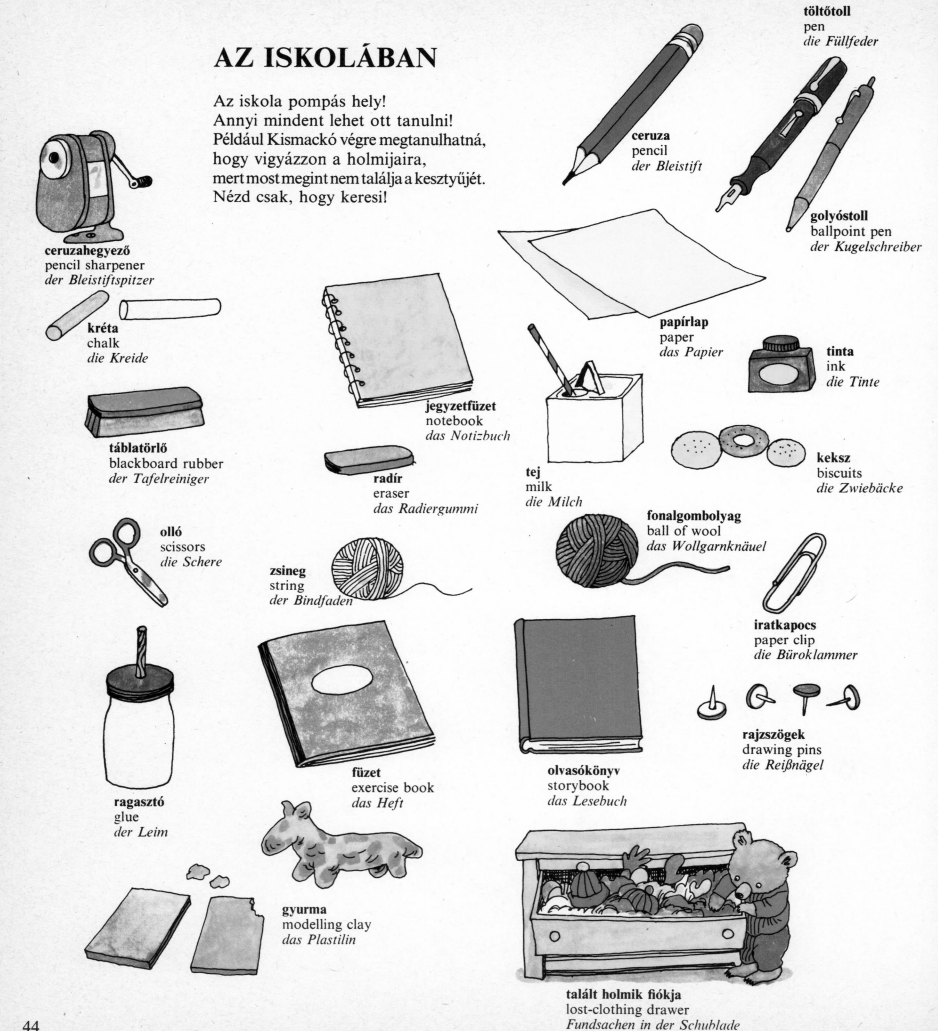

AZ ISKOLÁBAN

Az iskola pompás hely!
Annyi mindent lehet ott tanulni!
Például Kismackó végre megtanulhatná,
hogy vigyázzon a holmijaira,
mert most megint nem találja a kesztyűjét.
Nézd csak, hogy keresi!

töltőtoll
pen
die Füllfeder

ceruza
pencil
der Bleistift

golyóstoll
ballpoint pen
der Kugelschreiber

ceruzahegyező
pencil sharpener
der Bleistiftspitzer

kréta
chalk
die Kreide

papírlap
paper
das Papier

tinta
ink
die Tinte

táblatörlő
blackboard rubber
der Tafelreiniger

jegyzetfüzet
notebook
das Notizbuch

radír
eraser
das Radiergummi

tej
milk
die Milch

keksz
biscuits
die Zwiebäcke

olló
scissors
die Schere

fonalgombolyag
ball of wool
das Wollgarnknäuel

zsineg
string
der Bindfaden

iratkapocs
paper clip
die Büroklammer

ragasztó
glue
der Leim

füzet
exercise book
das Heft

olvasókönyv
storybook
das Lesebuch

rajzszögek
drawing pins
die Reißnägel

gyurma
modelling clay
das Plastilin

talált holmik fiókja
lost-clothing drawer
Fundsachen in der Schublade

óra
clock
die Uhr

csengő
bell
die Klingel

iskolatábla
blackboard
die Tafel

tanár/tanárnő
teacher
der Lehrer/die Lehrerin

naptár
calendar
der Kalender

JANUÁR

térkép
map
die Landkarte

tintatartó
inkwell
das Tintenfaß

térképállvány
map stand
der Landkartenständer

papírkosár
wastepaper basket
der Papierkorb

tanuló(lány)
(girl) pupil
die Schülerin

tanuló(fiú)
(boy) pupil
der Schüler

íróasztal
desk
der Schreibtisch

osztályterem
classroom
das Klassenzimmer

papírbabák
paper dolls
die Papierpuppen

iskolaigazgató
headmaster
der Rektor

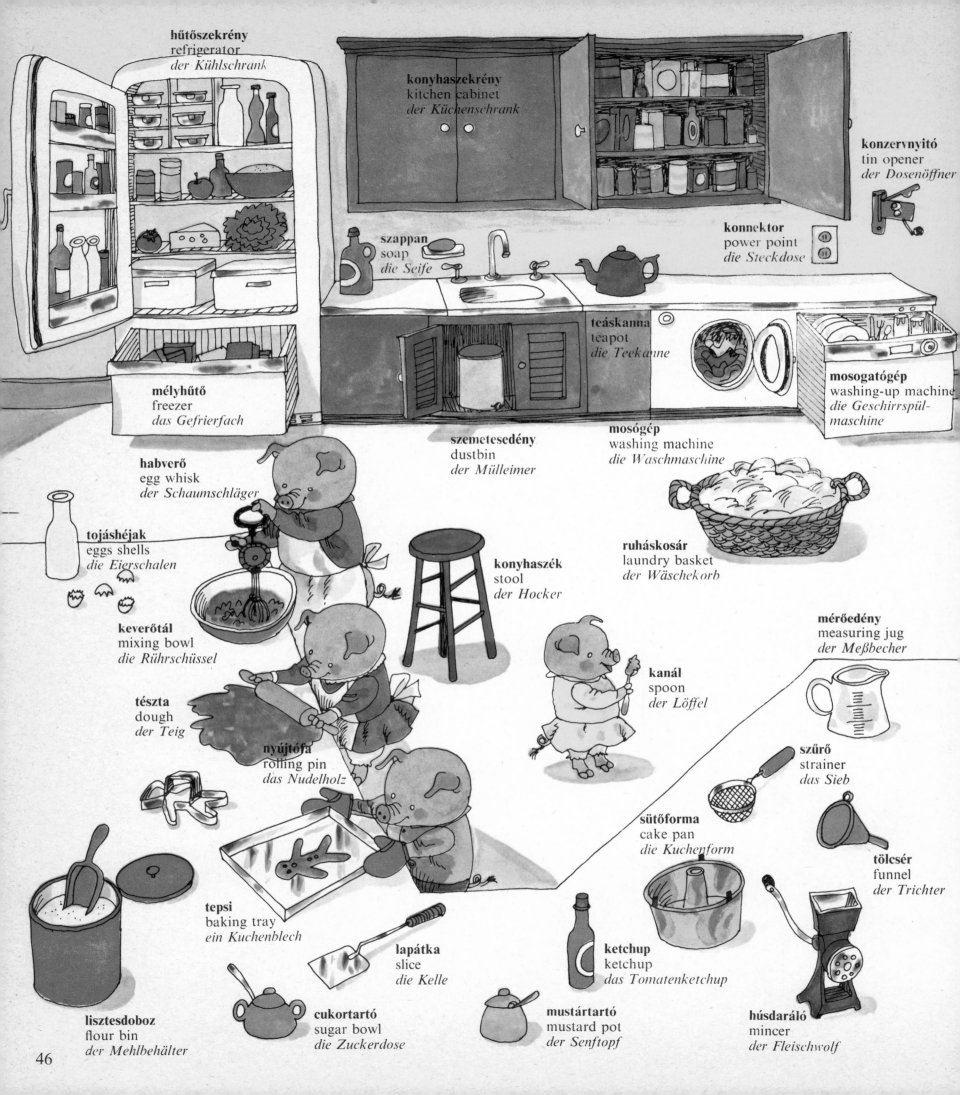

hűtőszekrény
refrigerator
der Kühlschrank

konyhaszekrény
kitchen cabinet
der Küchenschrank

konzervnyitó
tin opener
der Dosenöffner

szappan
soap
die Seife

konnektor
power point
die Steckdose

teáskanna
teapot
die Teekanne

mélyhűtő
freezer
das Gefrierfach

mosogatógép
washing-up machine
*die Geschirrspül-
maschine*

szemetesedény
dustbin
der Mülleimer

mosógép
washing machine
die Waschmaschine

habverő
egg whisk
der Schaumschläger

ruháskosár
laundry basket
der Wäschekorb

tojáshéjak
eggs shells
die Eierschalen

konyhaszék
stool
der Hocker

mérőedény
measuring jug
der Meßbecher

keverőtál
mixing bowl
die Rührschüssel

kanál
spoon
der Löffel

tészta
dough
der Teig

szűrő
strainer
das Sieb

nyújtófa
rolling pin
das Nudelholz

sütőforma
cake pan
die Kuchenform

tölcsér
funnel
der Trichter

tepsi
baking tray
ein Kuchenblech

lapátka
slice
die Kelle

ketchup
ketchup
das Tomatenketchup

lisztesdoboz
flour bin
der Mehlbehälter

cukortartó
sugar bowl
die Zuckerdose

mustártartó
mustard pot
der Senftopf

húsdaráló
mincer
der Fleischwolf

46

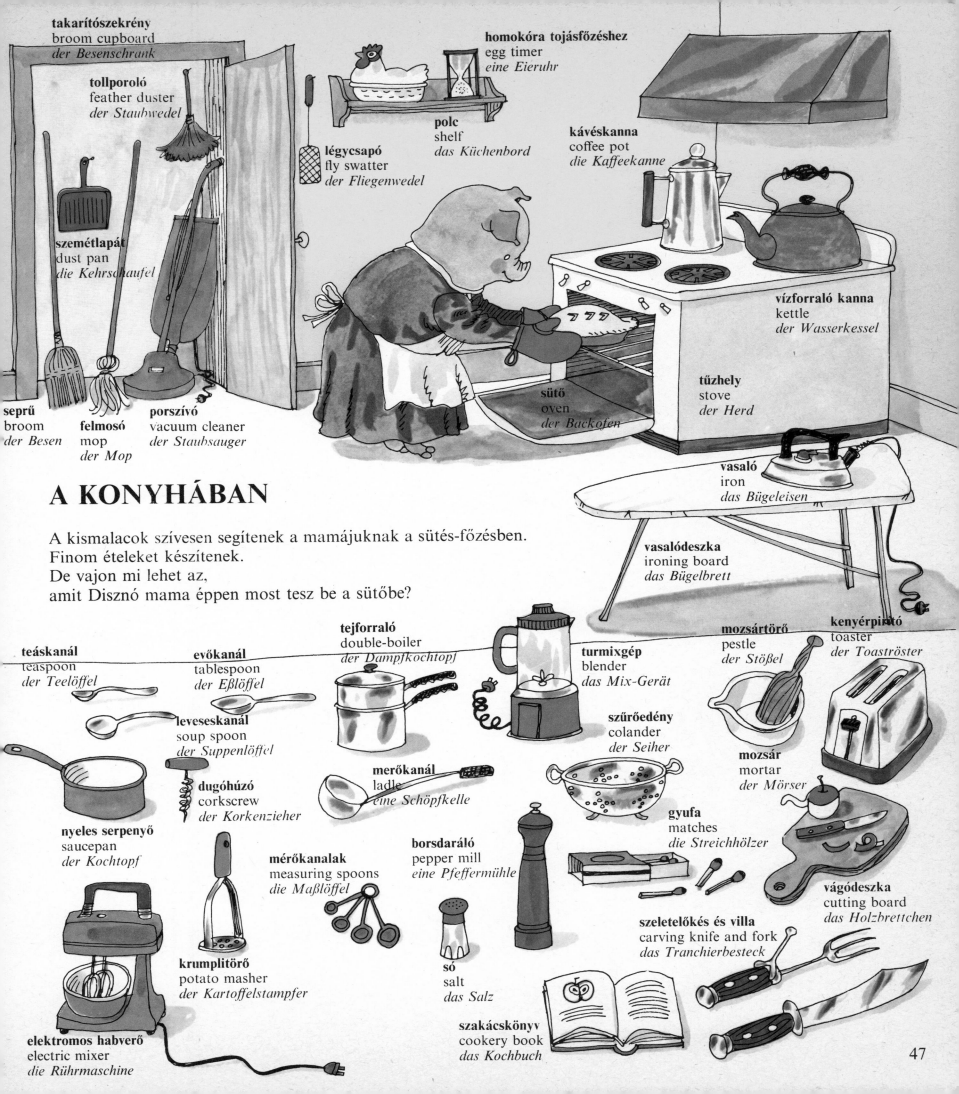

takarítószekrény
broom cupboard
der Besenschrank

tollporoló
feather duster
der Staubwedel

szemétlapát
dust pan
die Kehrschaufel

seprű
broom
der Besen

felmosó
mop
der Mop

porszívó
vacuum cleaner
der Staubsauger

légycsapó
fly swatter
der Fliegenwedel

homokóra tojásfőzéshez
egg timer
eine Eieruhr

polc
shelf
das Küchenbord

kávéskanna
coffee pot
die Kaffeekanne

vízforraló kanna
kettle
der Wasserkessel

tűzhely
stove
der Herd

sütő
oven
der Backofen

vasaló
iron
das Bügeleisen

vasalódeszka
ironing board
das Bügelbrett

A KONYHÁBAN

A kismalacok szívesen segítenek a mamájuknak a sütés-főzésben.
Finom ételeket készítenek.
De vajon mi lehet az,
amit Disznó mama éppen most tesz be a sütőbe?

teáskanál
teaspoon
der Teelöffel

evőkanál
tablespoon
der Eßlöffel

leveseskanál
soup spoon
der Suppenlöffel

tejforraló
double-boiler
der Dampfkochtopf

turmixgép
blender
das Mix-Gerät

szűrőedény
colander
der Seiher

mozsártörő
pestle
der Stößel

kenyérpirító
toaster
der Toaströster

mozsár
mortar
der Mörser

nyeles serpenyő
saucepan
der Kochtopf

dugóhúzó
corkscrew
der Korkenzieher

merőkanál
ladle
eine Schöpfkelle

gyufa
matches
die Streichhölzer

mérőkanalak
measuring spoons
die Maßlöffel

borsdaráló
pepper mill
eine Pfeffermühle

szeletelőkés és villa
carving knife and fork
das Tranchierbesteck

vágódeszka
cutting board
das Holzbrettchen

krumplitörő
potato masher
der Kartoffelstampfer

só
salt
das Salz

szakácskönyv
cookery book
das Kochbuch

elektromos habverő
electric mixer
die Rührmaschine

47

ÉPÜLETEK

A különböző épületeket különféleképpen használjuk. Nem szoktunk például focizni a múzeumban vagy a templomban. Hát akkor hol?
És a többi épületet mire használják?

felhőkarcoló
skyscraper
der Wolkenkratzer

vár
fort
das Fort

torony
tower
der Turm

múzeum
museum
das Museum

diadalív
triumphal arch
der Triumphbogen

iskola
school
eine Schule

48

piramis
pyramid
die Pyramide

stadion
stadium
das Stadion

szélmalom
windmill
die Windmühle

mecset
mosque
die Moschee

székesegyház
cathedral
der Dom

templom
church
eine Kirche

könyvtár
library
die Bibliothek

gyár
factory
eine Fabrik

MI LESZEL, HA NAGY LESZEL?

Mi szeretnél lenni, ha majd nagy leszel?
Ugyanaz, mint a papád?
Vagy esetleg szakács, orvos, ápolónő?

Most választhatsz.

rendőr
policeman
der Polizist

tűzoltó
fireman
der Feuerwehrmann

tengerész
sailor
der Matrose

ápolónő
nurse
*eine Kranken-
schwester*

tejesember
milkman
der Milchmann

földműves
farmer
der Bauer

orvos
doctor
der Arzt

asztalos
carpenter
der Tischler

zenész
musician
ein Musiker

cowboy
cowboy
ein Cowboy

titkárnő
secretary
die Sekretärin

szakács
cook
ein Koch

hentes
butcher
der Fleischer

fogorvos
dentist
der Zahnarzt

50

énekes
singer
die Sängerin

festőművész
artist
ein Maler

pilóta
pilot
der Pilot

halász
fisherman
der Fischer

teherautó-sofőr
lorry driver
der Lastwagenfahrer

tanárnő
teacher
eine Lehrerin

autószerelő
garage mechanic
der Automechaniker

vonatkalauz
train conductor
der Zugschaffner

kereskedő
shopkeeper
der Kaufmann

katona
soldier
der Soldat

táncosnő
dancer
die Tänzerin

könyvtárosnő
librarian
eine Bibliothekarin

apa
father
der Vater

anya
mother
die Mutter

51

AZ ANGOL ÁBÉCÉ

Nézd csak! Az **a**ligátor **a**lmát eszik.
Hát az **i**ndián? Úgy látszik, **i**mádja a fagylaltot.
A **k**utya **k**uksol.
Találj ki te is hasonló tréfákat!

G GOOSE
Gans
liba

A ALLIGATOR
Alligator
aligátor

B BEAR
Bär
medve

C CAT
Katze
macska

H HEART
Herz
szív

I ICE CREAM
Eis
fagylalt

D DOG
Hund
kutya

J JUG
Krug
korsó

E EGG
Ei
tojás

K KANGAROO
Känguruh
kenguru

F FISH
Fisch
hal

L LETTER
Brief
levél

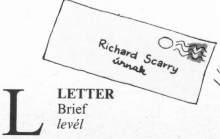

M MOUSE
Maus
egér

52

N NUT
Nuß
földimogyoró

O OWL
Eule
bagoly

P PRESENT
Geschenk
ajándék

Q QUEEN
Königin
királynő

R RUG
Vorleger
szőnyeg

S SPIDER
Spinne
pók

T TORTOISE
Schildkröte
teknősbéka

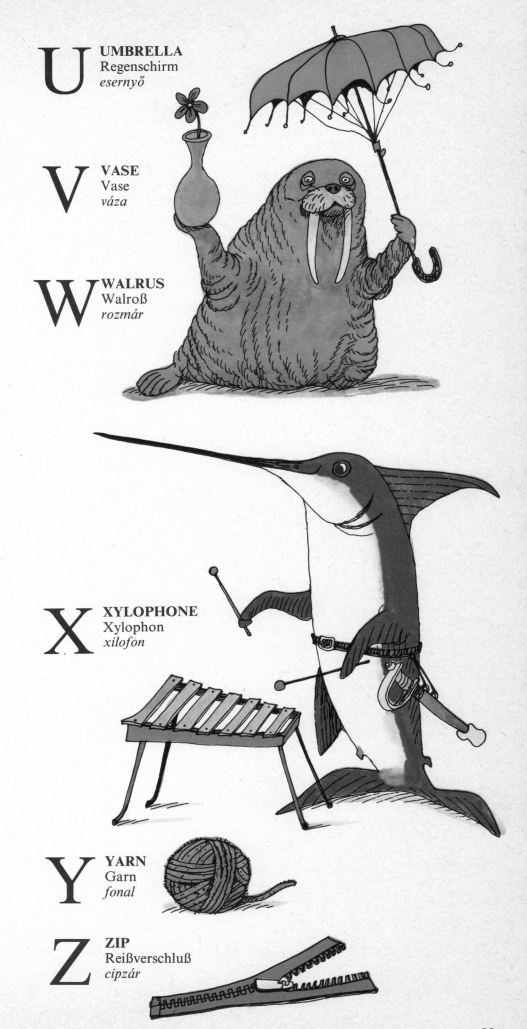

U UMBRELLA
Regenschirm
esernyő

V VASE
Vase
váza

W WALRUS
Walroß
rozmár

X XYLOPHONE
Xylophon
xilofon

Y YARN
Garn
fonal

Z ZIP
Reißverschluß
cipzár

TESZÜNK-VESZÜNK

Az ember sokféle dolgot tud csinálni.
Sokfélét pedig nem.
Most akkor lássuk, mit is teszünk!

ás
dig
graben

fúj
blow
blasen

épít
build
bauen

eltör
break
zerbrechen

alszik
sleep
schlafen

felébred
wake up
aufwachen

jár
walk
gehen

fut
run
laufen

áll
stand
stehen

ül
sit
sitzen

olvas
read
lesen

néz
watch
zuschauen

ír
write
schreiben

54

húz
pull
ziehen

lök
push
schieben

rúg
kick
stoßen

kiált
shout
schreien

beszél
talk
sprechen

hallgat
listen
zuhören

suttog
whisper
flüstern

eszik
eat
essen

átugrik
jump over
darüberspringen

nevet
laugh
lachen

mosolyog
smile
lächeln

sír
cry
weinen

iszik
drink
trinken

átkúszik
crawl under
durchkriechen

leesik
fall down
hinfallen

repülni nem tudunk
we cannot fly
fliegen können wir nicht

leskelődik
peep
spähen

megemeli a kalapját
raise one's hat
grüßen

fölmegy
go up
steigen

lemegy
go down
hinuntergehen

bemegy
go in
hineingehen

kijön
come out
herauskommen

55

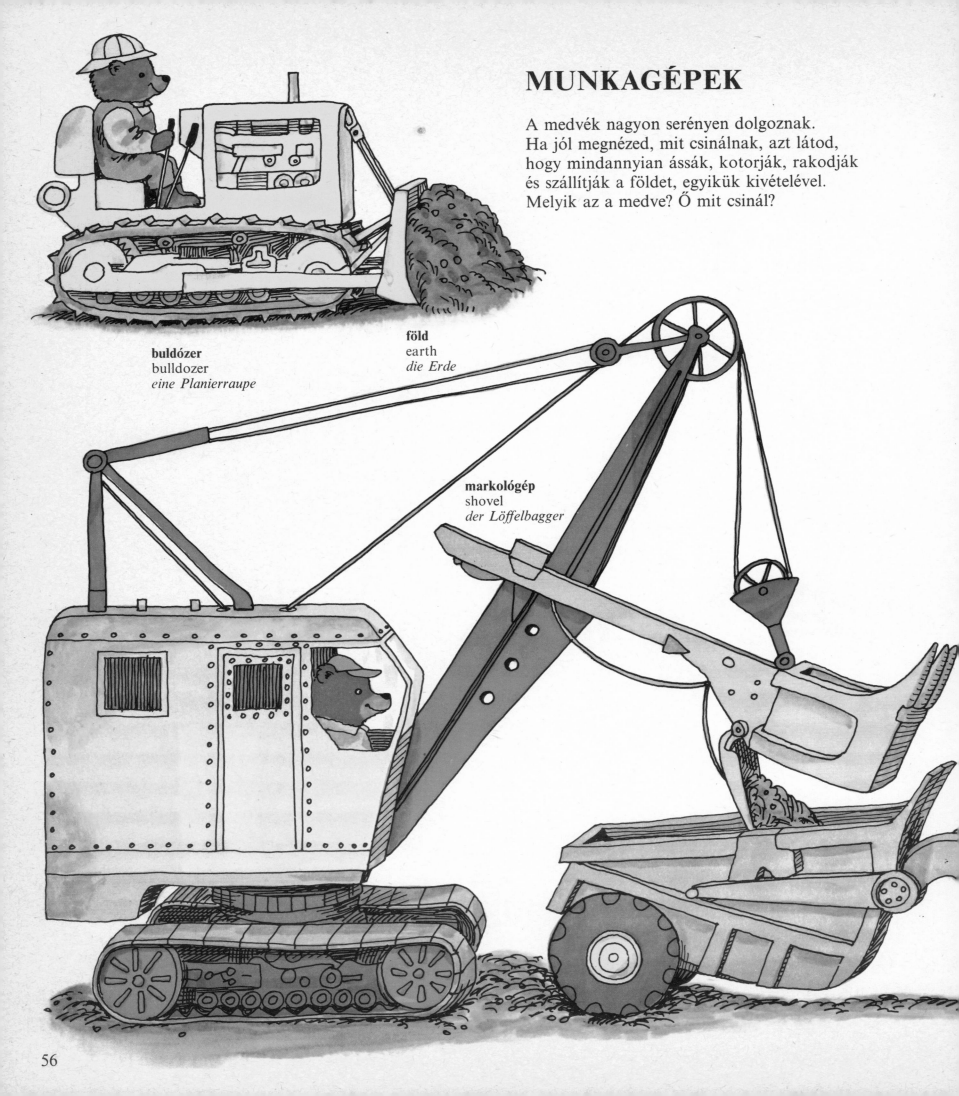

MUNKAGÉPEK

A medvék nagyon serényen dolgoznak.
Ha jól megnézed, mit csinálnak, azt látod,
hogy mindannyian ássák, kotorják, rakodják
és szállítják a földet, egyikük kivételével.
Melyik az a medve? Ő mit csinál?

buldózer
bulldozer
eine Planierraupe

föld
earth
die Erde

markológép
shovel
der Löffelbagger

56

útgyalu
tractor scraper
der Planierpflug

dömper
dump truck
der Kipper

kotrógép
tractor shovel
der Bagger

puttonyos rakodó
bucket loader
der Kettenförderer

föld
earth
die Erde

vontató billenő utánfutóval
tractor with dump trailer
ein Traktor mit Kippanhänger

úthenger
roller
die Motorwalze

57

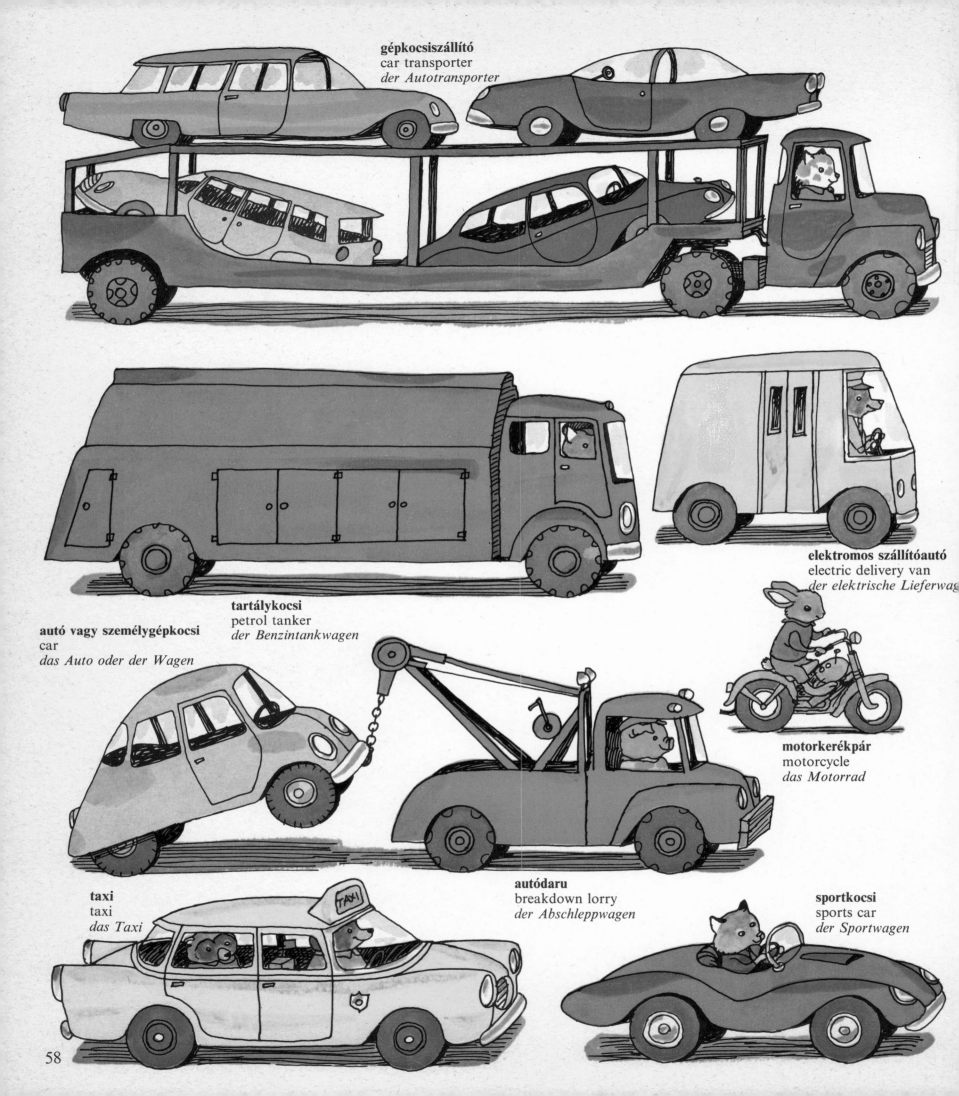

gépkocsiszállító
car transporter
der Autotransporter

tartálykocsi
petrol tanker
der Benzintankwagen

autó vagy személygépkocsi
car
das Auto oder der Wagen

elektromos szállítóautó
electric delivery van
der elektrische Lieferwag

motorkerékpár
motorcycle
das Motorrad

taxi
taxi
das Taxi

autódaru
breakdown lorry
der Abschleppwagen

sportkocsi
sports car
der Sportwagen

58

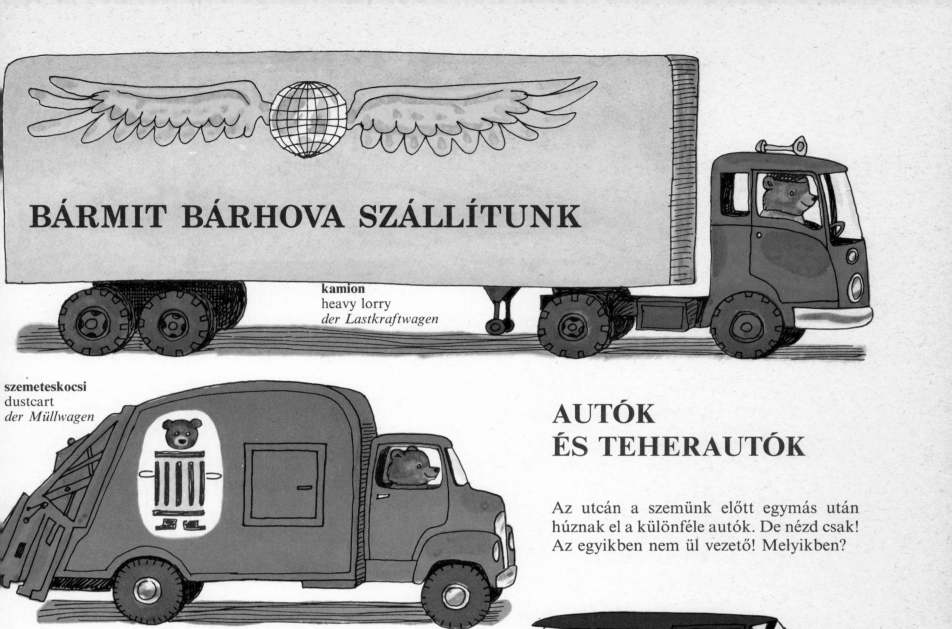

BÁRMIT BÁRHOVA SZÁLLÍTUNK

kamion
heavy lorry
der Lastkraftwagen

szemeteskocsi
dustcart
der Müllwagen

AUTÓK
ÉS TEHERAUTÓK

Az utcán a szemünk előtt egymás után húznak el a különféle autók. De nézd csak! Az egyikben nem ül vezető! Melyikben?

csónakutánfutó
boat trailer
der Bootswagen

kombi
station wagon
der Kombiwagen

robogó
scooter
der Motorroller

iskolabusz
school bus
der Schulbus

veterán autó
vintage car
ein antiques Auto

ISKOLABUSZ

HOTEL

ÁRUHÁZ

COWBOYHOLMI

CSIZMÁK

BANK

VÁROS-HÁZA

utcai lámpa
street-lamp
die Straßenlaterne

lópányvázó
hitching post
der Anbindepfosten

aranyásó
gold miner
ein Goldgräber

seriff
sheriff
der Sheriff

szamár
donkey
der Packesel

cowboy
cowboy
ein Cowboy

pénzesláda
money box
die Geldkassette

mozdony
locomotive
eine Lokomotive

fényszóró
headlight
der Scheinwerfer

BUFFALO BILL

postakocsi
stagecoach
die Postkutsche

kerék
wheel
das Rad

VADNYUGATON

Az indián a városba igyekszik,
hogy lovat vásároljon a feleségének.
Szerinted miért lenne jó, ha az indián
felesége is lóháton járhatna?

ponyvás kocsi
covered wagon
der Planwagen

nyereg
saddle
der Sattel

por
dust
der Staub

ökrök
oxen
die Ochsen

indián
Indian
ein Indianer

indián kisbaba
papoose
ein Indianerbaby

lópatkó
horseshoe
das Hufeisen

indián asszony
squaw
eine Indianerfrau

hordó
barrel
das Faß

lasszó
lasso
das Lasso

TAKAR-
MÁNY és
VETŐMAG

KOVÁCS

marhavagon
cattle truck
der Viehwagen

szeneskocsi
tender
der Tender

karám
corral
der Pferch

marha
cattle
das Vieh

ló
horse
das Pferd

61

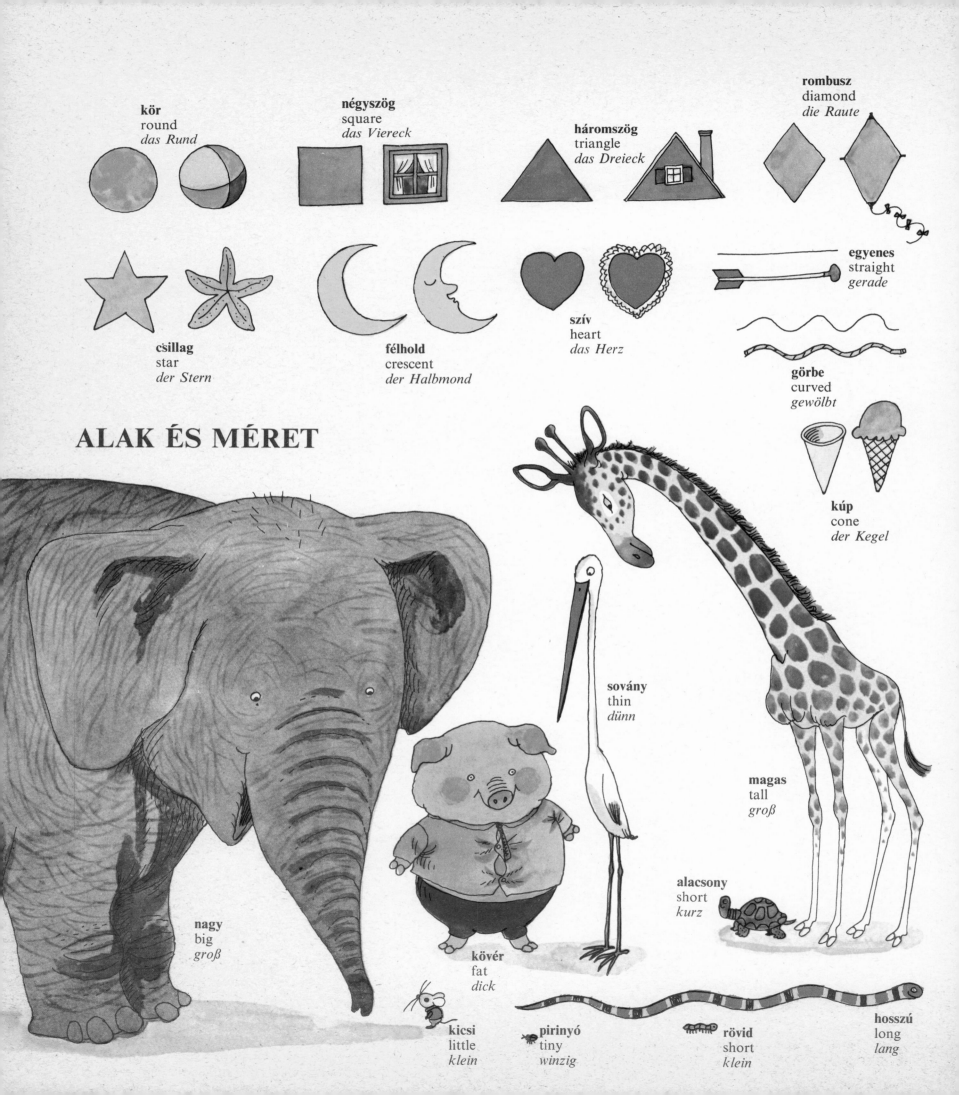

kör
round
das Rund

négyszög
square
das Viereck

háromszög
triangle
das Dreieck

rombusz
diamond
die Raute

csillag
star
der Stern

félhold
crescent
der Halbmond

szív
heart
das Herz

egyenes
straight
gerade

görbe
curved
gewölbt

kúp
cone
der Kegel

ALAK ÉS MÉRET

sovány
thin
dünn

magas
tall
groß

nagy
big
groß

kövér
fat
dick

alacsony
short
kurz

kicsi
little
klein

pirinyó
tiny
winzig

rövid
short
klein

hosszú
long
lang

apa
father
der Vater

anya
mother
die Mutter

A KISBABA

Macskáéknak kiscicájuk született.
Nem tudják, milyen nevet adjanak neki.
Te milyen nevet adnál az újszülöttnek?
Kérlek, írd ide azt a nevet,
amelyet a legszebbnek találsz!

nagybácsi
uncle
der Onkel

nagymama
grandmother
die Großmutter

cumisüveg
bottle
eine Flasche

kisbaba
baby
das Baby

testvér (fiú)
brother
der Bruder

csörgő
rattle
eine Rassel

pelenka
nappy
die Windel

nagynéni
aunt
die Tante

testvér (lány)
sister
die Schwester

nagyapa
grandfather
der Großvater

járóka
playpen
der Laufstall

unokatestvér
cousin
der Vetter

etetőszék
high chair
der Kinderstuhl

gyerekágy
cot
das Kinderbett

sportkocsi
pushchair
der Sportwagen

bölcső
cradle
der Korbwagen

játszószék
play table
der Spieltisch

kerekes járóka
walker
der Laufring

mélykocsi
pram
der Kinderwagen

63

A CIRKUSZBAN

A zenekar játszik. Repülnek a légtornászok,
az állatok is megmutatják, mit tudnak.
Te melyik számot szereted a legjobban a cirkuszban?

egyensúlyozórúd
balancing pole
die Balancierstange

kötéltáncos
tightrope performer
der Seilakrobat

sátorrúd
tent pole
die Zeltstange

kifeszített kötél
tightrope
das Seil

zenekar
band
die Kapelle

akrobata
acrobat
eine Akrobatin

kötélhágcsó
rope ladder
eine Strickleiter

pódium
bandstand
das Podium

cirkuszló
circus horse
das Zirkuspferd

idomított elefánt
performing elephant
eine dressierter Elefant

fűrészpor
sawdust
das Sägemehl

porond
ring
die Manege

cirkuszigazgató
ringmaster
der Zirkusdirektor

idomított kutya
performing dog
der Zirkushund

bohóc
clown
der Clown

64

zászló
pennant
der Wimpel

cirkuszsátor
circus tent
das Zirkuszelt

trapéz
trapeze
das Trapez

trapézművész
trapeze artist
der Trapezkünstler

akrobata
acrobat
eine Akrobatin

védőháló
safety net
das Netz

pénztáros
ticket seller
der Kartenverkäufer

karika
hoop
der Ring

oroszlán
lion
der Löwe

ostor
whip
die Peitsche

zsonglőr
juggler
der Jongleur

ketrec
cage
der Käfig

oroszlánszelídítő
lion tamer
der Löwenbändiger

idomított fóka
trained sealion
ein dressierter Seelöwe

léggömbárus
balloon man
*ein Luftballon-
verkäufer*

édesség
sweets
die Süßwaren

65

SPORT

krikettütő
bat
das Schlagholz

labda
ball
der Ball

krikettkapus
wicket keeper
der Torwart

ütőjátékos
batsman
der Schläger

krikett
cricket
das Kricket

krikettkapu
wicket
der Dreistab

sportpálya
sports ground
der Sportplatz

labdarúgás
football
der Fußball

kapus
goalkeeper
der Torwart

játékvezető
referee
der Schiedsrichter

kapu
goal
das Tor

síp
whistle
die Pfeife

csatár
striker
der Stürmer

66

teniszütő
racket
der Schläger

háló
net
das Netz

kápiszta
cabbage
der Kohl

tenisz
tennis
das Tennis

gyephoki
hockey
das Hockeyspiel

kosárlabda
basketball
das Korbballspiel

pingpong
table tennis
das Tischtennis

kormány
handlebars
die Lenkstange

kerékpár
bicycle
das Fahrrad

kerékpározás
cycling
das Radfahren

67

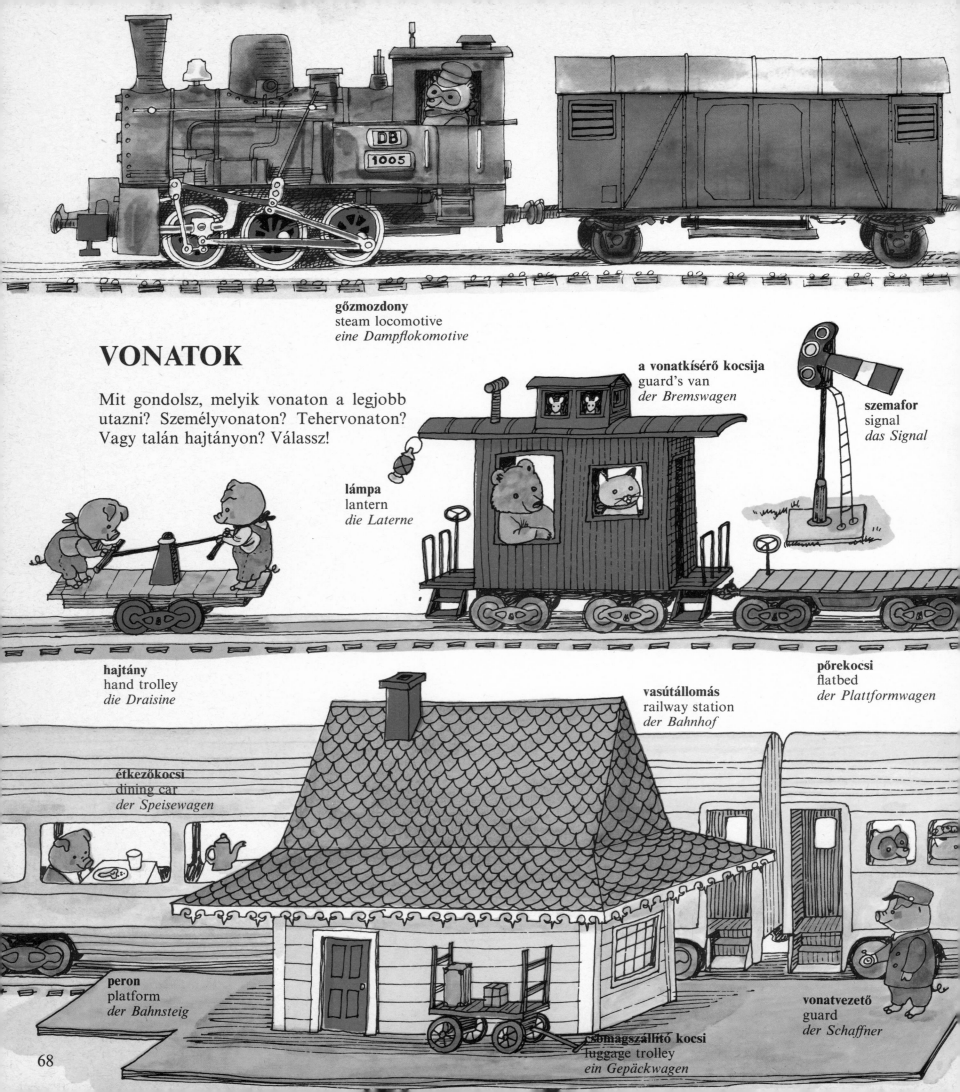

gőzmozdony
steam locomotive
eine Dampflokomotive

VONATOK

Mit gondolsz, melyik vonaton a legjobb
utazni? Személyvonaton? Tehervonaton?
Vagy talán hajtányon? Válassz!

a vonatkísérő kocsija
guard's van
der Bremswagen

szemafor
signal
das Signal

lámpa
lantern
die Laterne

hajtány
hand trolley
die Draisine

vasútállomás
railway station
der Bahnhof

pőrekocsi
flatbed
der Plattformwagen

étkezőkocsi
dining car
der Speisewagen

peron
platform
der Bahnsteig

csomagszállító kocsi
luggage trolley
ein Gepäckwagen

vonatvezető
guard
der Schaffner

68

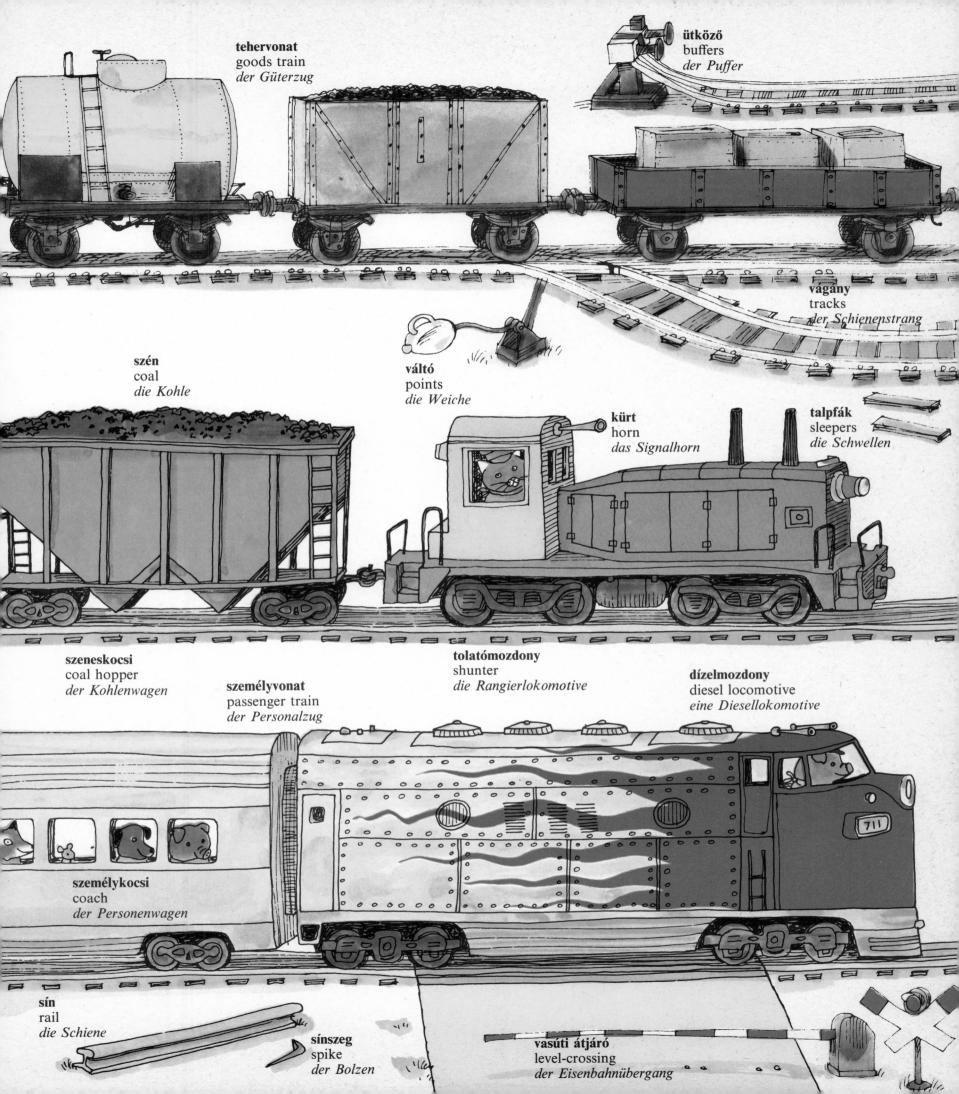

tehervonat
goods train
der Güterzug

ütköző
buffers
der Puffer

vágány
tracks
der Schienenstrang

szén
coal
die Kohle

váltó
points
die Weiche

kürt
horn
das Signalhorn

talpfák
sleepers
die Schwellen

szeneskocsi
coal hopper
der Kohlenwagen

tolatómozdony
shunter
die Rangierlokomotive

dízelmozdony
diesel locomotive
eine Diesellokomotive

személyvonat
passenger train
der Personalzug

személykocsi
coach
der Personenwagen

711

sín
rail
die Schiene

sínszeg
spike
der Bolzen

vasúti átjáró
level-crossing
der Eisenbahnübergang

MADARAK

A madarak többsége tud repülni.
Néhány madár azonban nem tud.
Az egyik repülni nem tudó madár
a Déli-sarkon él,
és szeret a jégen szánkázni.
Melyik madár az?

sas
eagle
der Adler

sólyom
hawk
der Falke

kolibri
hummingbird
der Kolibri

fecske
swallow
eine Schwalbe

kakas
cock
der Hahn

csúszka
nuthatch
der Kleiber

gém
heron
der Reiher

tyúk
hen
die Henne

csibe
chick
das Küken

liba
goose
der Gans

galamb
pigeon
die Taube

kacsa
duck
die Ente

harkályok
woodpeckers
die Spechte

kanalasgém
spoonbill
der Löffelreiher

hattyú
swan
der Schwan

kiskacsa
duckling
das Entenküken

flamingó
flamingo
der Flamingo

bölömbika
bittern
die Rohrdommel

pingvin
penguin
der Pinguin

pelikán
pelican
der Pelikan

keselyű
vulture
der Geier

papagáj
parrot
der Papagei

varjú
crow
die Krähe

bagoly
owl
die Eule

tukán
toucan
der Tukan

vadgalamb, gerle
dove
die Taube

sarki lunda
puffin
der Papageitaucher

pirók
bullfinch
der Gimpel

kardinálispinty
cardinal
der Kardinal

szajkó
jay
der Häher

vörösbegy
robin
das Rotkehlchen

veréb
sparrow
der Spatz

ökörszem
wren
der Zaunkönig

csér
tern
eine Seeschwalbe

sárszalonka
sandpiper
der Strandläufer

madáretető
bird house
das Vogelhäuschen

sirály
sea gull
eine Möwe

kanári
canary
der Kanarienvogel

madárkalitka
bird cage
der Vogelkäfig

fészek
nest
das Nest

madárfiókák
baby birds
die Vogeljungen

strucc
ostrich
der Strauß

fürj
quail
die Wachtel

fácán
pheasant
der Fasan

nemes kócsag
egret
der Silberreiher

gólya
stork
der Storch

erdei szalonka
woodcock
die Waldschnepfe

strucctojás
ostrich egg
das Straußenei

71

A TENGERPARTON

Nyáron nagyszerű dolog a tengerpartra menni. Nyuszi éppen egy tengeri kagylóba fülel. Mit gondolsz, mit hall benne? Lehet, hogy a tenger zúgását?

távcső
telescope
das Fernrohr

világítótorony
lighthouse
das Leuchtturm

nyaraló
summer cottage
das Sommerhäuschen

evezőlapát
oar
das Ruder

horgony
anchor
der Anker

úszógumi
rubber ring
ein Gummitier

ásó
spade
eine Schaufel

evezős csónak
rowing boat
das Ruderboot

sárszalonka
sandpiper
der Strandläufer

homokvár
sand castle
eine Sandburg

rája
skate
der Rochen

makréla
meckerel
die Makrele

osztriga
oyster
eine Auster

homár
lobster
der Hummer

fésűskagyló
scallop
die Kammuschel

kagyló
clam
die Muschel

tengeri féreg
sea purse
das Haifischei

remeterák
hermit crab
der Einsiedlerkrebs

napernyő
umbrella
der Sonnenschirm

sirály
sea gull
die Möwe

nap
sun
die Sonne

pavilon
shelter
der Pavillon

strandőr
lifeguard
ein Badewärter

zászlórúd
flag pole
der Fahnenmast

sétány
promenade
die Strandpromenade

homokdűne
sand dune
die Düne

homoknád
beach grass
der Strandhafer

lépcső
stairs
eine Treppe

nyugágy
beach chair
der Liegestuhl

kabin
bathing house
die Badekabinen

tengeri kagyló
sea shell
die Muschel

tengeri csillag
starfisch
der Seestern

homokgödör
sand dugout
eine Sandburg

hullámok
waves
die Wellen

garnélarák
prawn
eine Krabbe

sprotnihal
sprat
die Sprotte

tarisznyarák
crab
der Krebs

kardfarkú tarisznyarák
horseshoe crab
der Schwertschwanz

hínár
seaweed
der Tang

fekete kagyló
mussel
die Miesmuschel

lepényhal
flounder
die Flunder

73

HÁZAK

A világ különböző részein az emberek különféle házakban laknak. Ha választhatnál, hogy milyen házban élj, te melyiket választanád?

iglu
igloo
eine Schneehütte

kőház
stone house
der Steinbau

fára épített kunyhó
tree house
das Baumhaus

cölöpház
stilt house
der Pfahlbau

sárkunyhó
mud hut
eine Lehmhütte

fűkunyhó
grass house
die Grashütte

sivatagi sátor
desert tent
das Wüstenzelt

ház
house
das Haus

mongol jurta
Mongolian tent
ein mongolisches Zelt

kastély
castle
das Schloß

favázas ház
half-timbered house
das Fachwerkhaus

zsúpfedeles ház
thatched-roof cottage
das Strohdachhaus

mexikói vályogház
Mexican adobe house
mexikanischer Lehmbau

alpesi ház
chalet
das Schwizerhaus

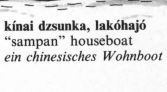

téglaház
brick house
der Backsteinbau

kínai dzsunka, lakóhajó
"sampan" houseboat
ein chinesisches Wohnboot

lakótelepi ház
block of flats
der Wohnblock

modern villa
modern house
das moderne Haus

TESZÜNK-VESZÜNK A KERTBEN

Mindenki a kertben serénykedik.
Varjú éppen egy kis magot tart a csőrében.
Mit gondolsz, elülteti vagy bekapja?

kerti csap
water main
die Wasserleitung

szórófej
nozzle
eine Düse

öntözőcső
hose
der Gartenschlauch

kertész
gardener
der Gärtner

zsinór
string
eine Schnur

kapa
hoe
eine Hacke

barázda
seed row
die Furche

cövek
stake
der Holzpflock

kavicsok
stones
die Steine

gereblye
rake
der Rechen

vasvilla
garden fork
die Forke

ásó
spade
der Spaten

magvak
seeds
die Samen

palánták
seedlings
die Sämlinge

fogantyú
handle
der Griff

kukorica
maize
der Mais

paradicsombokor
tomato plants
die Tomatenpflanzen

CÉKLA

PARADICSOM

trágyaszóró kocsi
fertilizer trolley
der Kunstdünger-Karren

AZ IDŐJÁRÁS

Amikor kimegyünk a szabadba, azonnal látjuk,
milyen idő van. Néha napos, néha felhős.
De lehet szeles, hűvös vagy meleg is.
Van úgy, hogy havazik vagy esik.
Ma milyen idő volt nálatok?

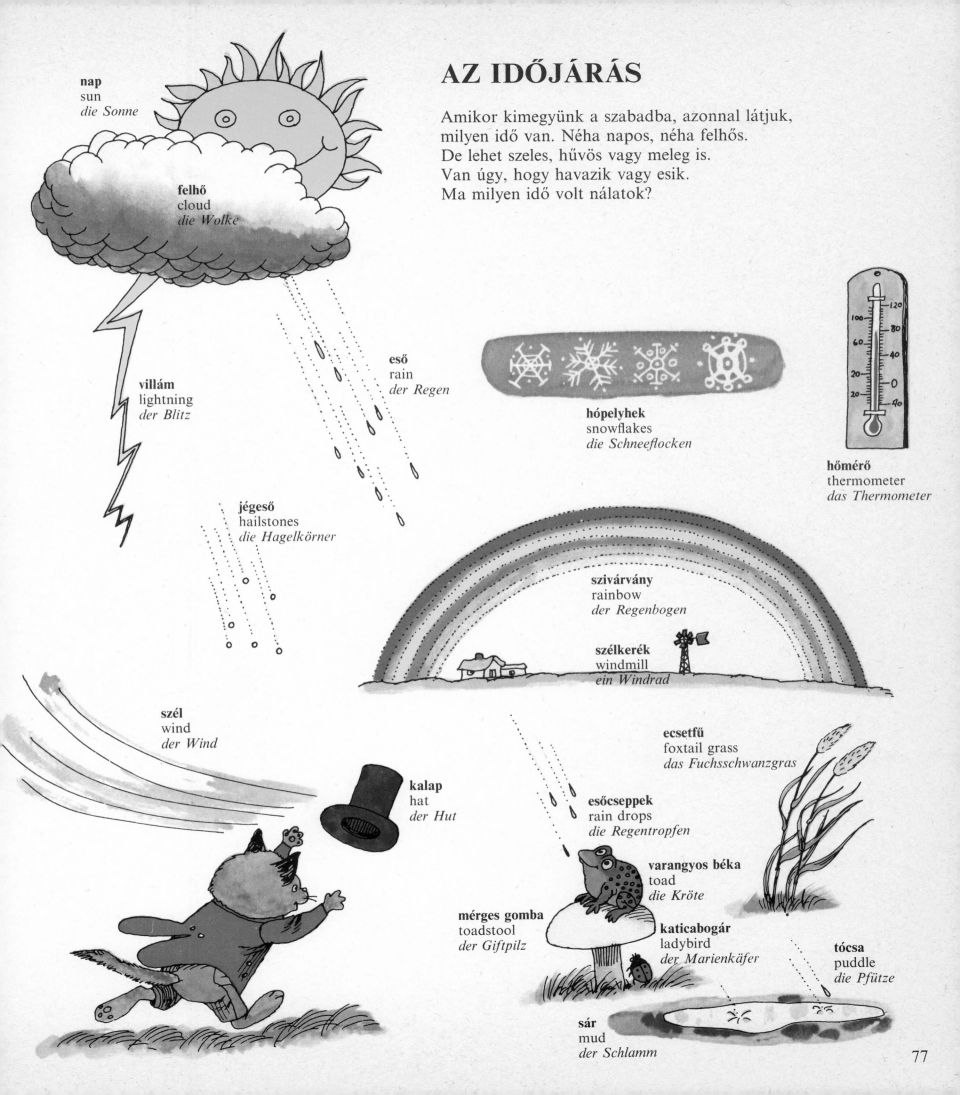

nap
sun
die Sonne

felhő
cloud
die Wolke

villám
lightning
der Blitz

eső
rain
der Regen

jégeső
hailstones
die Hagelkörner

hópelyhek
snowflakes
die Schneeflocken

hőmérő
thermometer
das Thermometer

szivárvány
rainbow
der Regenbogen

szélkerék
windmill
ein Windrad

szél
wind
der Wind

kalap
hat
der Hut

ecsetfű
foxtail grass
das Fuchsschwanzgras

esőcseppek
rain drops
die Regentropfen

varangyos béka
toad
die Kröte

mérges gomba
toadstool
der Giftpilz

katicabogár
ladybird
der Marienkäfer

tócsa
puddle
die Pfütze

sár
mud
der Schlamm

77

TESZÜNK-VESZÜNK A HÁZ KÖRÜL

Úgy látszik, itt mindenkinek akad munkája, ha rendbe akarja tenni a házat.
Te mit segítesz otthon?

felmosó
mop
der Mop

súrolópor
cleaning powder
das Putzpulver

ragasztó
glue
der Leim

szivacs
sponge
der Schwamm

kiloccsant víz
spilt water
vergossenes Wasser

franciakulcs
adjustable spanner
der Engländer

ruhaakasztó
coat hanger
der Kleiderbügel

papírhulladék
waste paper
das Abfallpapier

szemüveg
glasses
die Brille

kalapács
hammer
der Hammer

szakadt kelme
torn sheet
ein zerrissenes Laken

varrógép
sewing machine
die Nähmaschine

78

kicsorbult váza
chipped vase
eine angeschlagene Vase

mancsnyomok
paw prints
die Pfotenabdrücke

Ez a csizma sáros.
These boots are muddy.
Diese Stiefel sind schmutzig.

akasztórúd
clothes rail
die Kleiderstange

lábnyomok
footprints
die Fußstapfen

Az asztal lába kitörött.
The table leg is broken.
Das Tischbein ist abgebrochen.

csöpögő csap
leaking tap
ein tropfender Wasserhahn

kefe
brush
die Bürste

papírkosár
waste paper basket
der Papierkorb

szemétlapát
dust pan
die Kehrschaufel

hamu
ashes
die Asche

könyvespolc
bookcase
der Bücherschrank

könyv
book
das Buch

régi újságok
old newspapers
alte Zeitungen

régi folyóiratok
old magazines
alte Zeitschriften

rengeteg ruhaakasztó
lots of coat hangers
viele Kleiderbügel

kuka
dustbin
die Mülltonne

79

sárkány
kite
der Drachen

záporeső
rain shower
der Regenschauer

rügyek
buds
die Knospen

vörösbegy
robin
das Rotkehlchen

TAVASZ

Nézd csak a báránykát, hogy ugrándozik!
Örül, hogy tavasz van. Nézd csak,
a medve is kibújt barlangjából.
Kitavaszodott. Végre kipróbálhatja
az új fűnyírógépét.

bárány
lamb
das Lamm

bokor
bush
der Busch

patak
brook
der Bach

híd
bridge
eine Brücke

páfrány
fern
der Farn

gyökerek
roots
die Wurzeln

teknősbéka
tortoise
die Schildkröte

béka
frog
der Frosch

barlang
cave
eine Höhle

sárga nárcisz
daffodils
die Osterglocken

barka
pussy willow
die Weidenkätzchen

ibolya
violets
die Veilchen

fűnyírógép
lawn mower
der Rasenmäher

sáfrány
crocus
der Krokus

80

tehén
cow
die Kuh

rét
meadow
die Wiese

borjú
calf
der Kalb

kukoricaföld
cornfield
das Maisfeld

kerítés
fence
der Zaun

NYÁR

Szereted-e a nyári kirándulásokat,
amikor kint ehetsz a szabadban?
A hangyák ugyanis nagyon szeretik.
Sejted-e, miért?

sátor
tent
das Zelt

kombi
station wagon
der Kombiwagen

légy
fly
eine Fliege

tábori ágy
camp bed
das Feldbett

grillsütő
grill
das Grill

elemózsiás kosár
picnic basket
der Picknickkorb

víztároló edény
water carrier
der Wasserbehälter

faszén
charcoal
die Holzkohle

sonkás zsömle
ham roll
eine Schinkensemmel

virsli
sausages
die Würstchen

savanyú uborka
pickle
die saure Gurke

mustár
mustard
der Senf

ketchup
ketchup
Das Tomatenketchup

papírpohár
paper cup
der Papierbecher

szúnyog
mosquito
die Stechmücke

horgászbot
fishing rod
die Angel

hangyák
ants
die Ameisen

szikla
rock
der Felsen

stég
landing stage
der Anlegenplatz

sás
bulrushes
das Schilf

úszó
float
der Schwimmer

tó
pond
der Teich

béka
frog
der Frosch

tavirózsa
water lily
die Wasserrose

szitakötő
dragonfly
die Libelle

kavicsok
pebbles
die Kieselsteine

kövek
stones
die Steine

81

nap
sun
die Sonne

fácán
pheasant
der Fasan

hulló falevelek
falling leaves
fallende Blätter

kőfal
stone wall
die Steinmauer

fajd
grouse
das Moorhuhn

kapu
gate
das Tor

dió
nuts
die Nüsse

kukoricacső
corn on the cob
die Maiskolben

ŐSZ

Ősszel már lehűl a levegő. A zöld levelek megsárgulnak, majd a földre hullnak. De ki fogja őket összegereblyézni?

almabor
cider
der Apfelsaft

lekvár
jam
die Marmelade

füst
smoke
der Rauch

lángok
flames
die Flammen

almáskosár
basket of apples
ein Korb mit Äpfeln

gereblye
rake
der Rechen

pulyka
turkey
der Truthahn

őszi levelek
leaves
die Herbstblätter

őszi levélégetés
bonfire
das Herbstfeuer

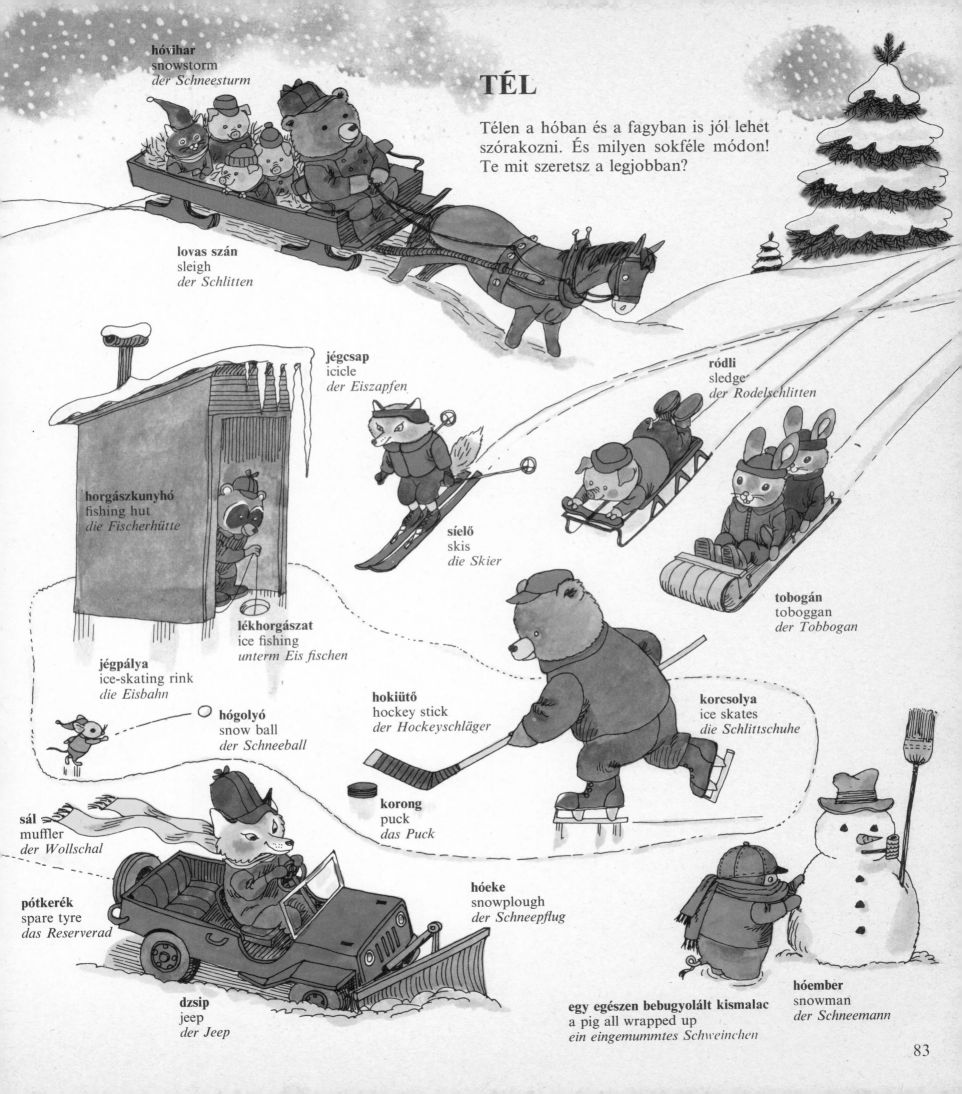

hóvihar
snowstorm
der Schneesturm

TÉL

Télen a hóban és a fagyban is jól lehet
szórakozni. És milyen sokféle módon!
Te mit szeretsz a legjobban?

lovas szán
sleigh
der Schlitten

jégcsap
icicle
der Eiszapfen

ródli
sledge
der Rodelschlitten

horgászkunyhó
fishing hut
die Fischerhütte

síelő
skis
die Skier

tobogán
toboggan
der Tobbogan

lékhorgászat
ice fishing
unterm Eis fischen

jégpálya
ice-skating rink
die Eisbahn

hógolyó
snow ball
der Schneeball

hokiütő
hockey stick
der Hockeyschläger

korcsolya
ice skates
die Schlittschuhe

sál
muffler
der Wollschal

korong
puck
das Puck

pótkerék
spare tyre
das Reserverad

hóeke
snowplough
der Schneepflug

dzsip
jeep
der Jeep

egy egészen bebugyolált kismalac
a pig all wrapped up
ein eingemummtes Schweinchen

hóember
snowman
der Schneemann

83

APRÓSÁGOK

Itt rengeteg apró dolgot láthatsz.
Ezek között van-e olyan,
amelyet a falon szoktál hagyni?

cérnaorsó
reel
der Haspel

gomb
button
der Knopf

pitypangmag
dandelion seed
der Löwenzahnsamen

kukac
worm
der Wurm

cérna
thread
der Faden

légy
fly
die Fliege

hangya
ant
die Ameise

vízcsepp
drop of water
das Tröpfchen

katicabogár
ladybird
die Marienkäfer

gyöngyszem
bead
die Perle

hópehely
snowflake
die Schneeflocke

gombostű
pin
eine Stecknadel

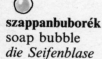

ujjnyom
fingerprint
der Fingerabdruck

virágszirom
petal
das Blumenblatt

szúnyog
mosquito
der Moskito

lepke
butterfly
der Schmetterling

horog
fish-hook
der Angelhaken

morzsa
crumb
die Krume

szappanbuborék
soap bubble
die Seifenblase

földimogyoró
peanut
die Erdnuß

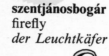

szeg
tack
der Stift

tollhegy
pen nib
die Federspitze

tealevél
tea leaf
das Teeblatt

gumicukorka
gumdrop
der Gummibonbon

borsószem
pea
die Erbse

hernyó
caterpillar
die Raupe

tabletta
pill
die Pille

szentjánosbogár
firefly
der Leuchtkäfer

gyűrű
ring
der Ring

homok
sand
der Sand

kökény
sloe
die Schlehe

pille
moth
die Motte

rizs
rice
der Reis

ebihal
tadpole
die Kaulquappe

kulcslyuk
keyhole
das Schlüsselloch

kagyló
shell
die Muschel

játékgolyó
marble
die Murmel

fűszál
blade of grass
der Grashalm

iratkapocs
paper clip
die Büroklammer

szöcske
cricket
die Grille

mazsola
raisin
die Rosine

bogár
beetle
der Käfer

málnaszem
raspberry
die Himbeere

gyűszű
thimble
der Fingerhut

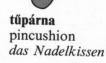

tűpárna
pincushion
das Nadelkissen

remeterák
hermit crab
der Einsiedlerkrebs

kavics
pebble
der Kieselstein

csikóhal
sea horse
das Seepferdchen

méh
bee
die Biene

gomba
mushroom
der Pilz

gyöngy
pearl
die Perle

tintapacni
ink spot
der Tintenfleck

konfetti
confetti
das Konfetti

toll
feather
die Feder

szálka
splinter
der Splitter

babszem
bean
die Bohne

biztosítótű
safety pin
die Sicherheitsnadel

kisegér
baby mouse
das Mäuschen

pont
dot
der Punkt

A TESTRÉSZEK

A medve a mancsával fogja meg a dolgokat.
Te mivel?

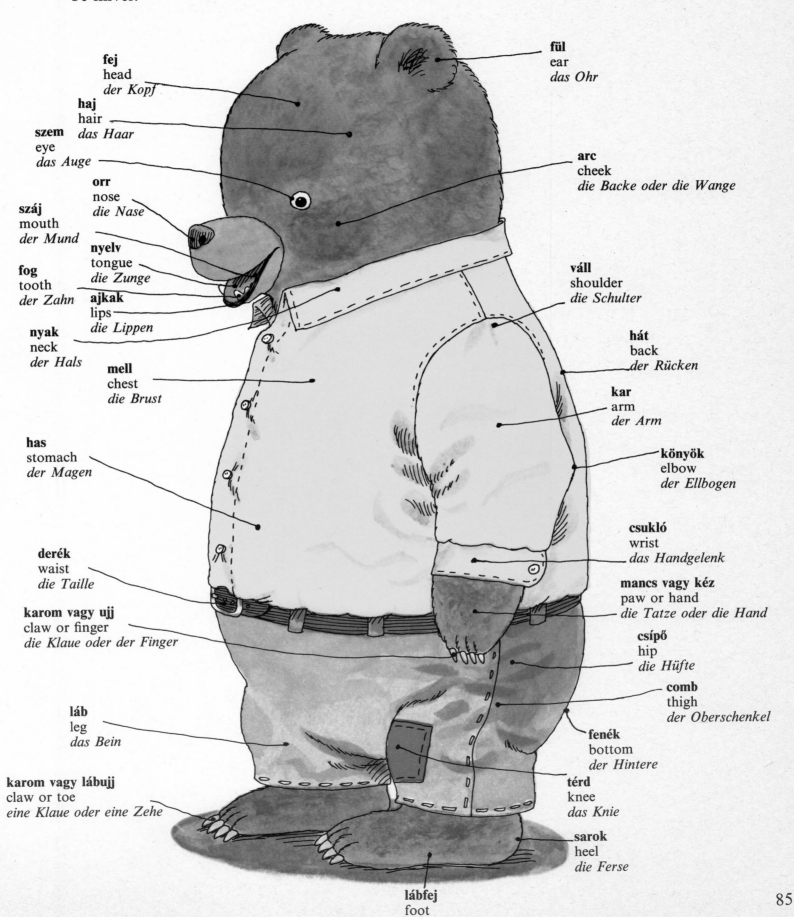

fej
head
der Kopf

haj
hair
das Haar

szem
eye
das Auge

orr
nose
die Nase

száj
mouth
der Mund

nyelv
tongue
die Zunge

fog
tooth
der Zahn

ajkak
lips
die Lippen

nyak
neck
der Hals

mell
chest
die Brust

has
stomach
der Magen

derék
waist
die Taille

karom vagy ujj
claw or finger
die Klaue oder der Finger

láb
leg
das Bein

karom vagy lábujj
claw or toe
eine Klaue oder eine Zehe

fül
ear
das Ohr

arc
cheek
die Backe oder die Wange

váll
shoulder
die Schulter

hát
back
der Rücken

kar
arm
der Arm

könyök
elbow
der Ellbogen

csukló
wrist
das Handgelenk

mancs vagy kéz
paw or hand
die Tatze oder die Hand

csípő
hip
die Hüfte

comb
thigh
der Oberschenkel

fenék
bottom
der Hintere

térd
knee
das Knie

sarok
heel
die Ferse

lábfej
foot
der Fuß

ESTI MESE

Valaki bujkál az ágy alatt! Keresd meg azt a gézengúzt, és mondd meg neki,
hogy sürgősen mosson fogat, és menjen lefeküdni!

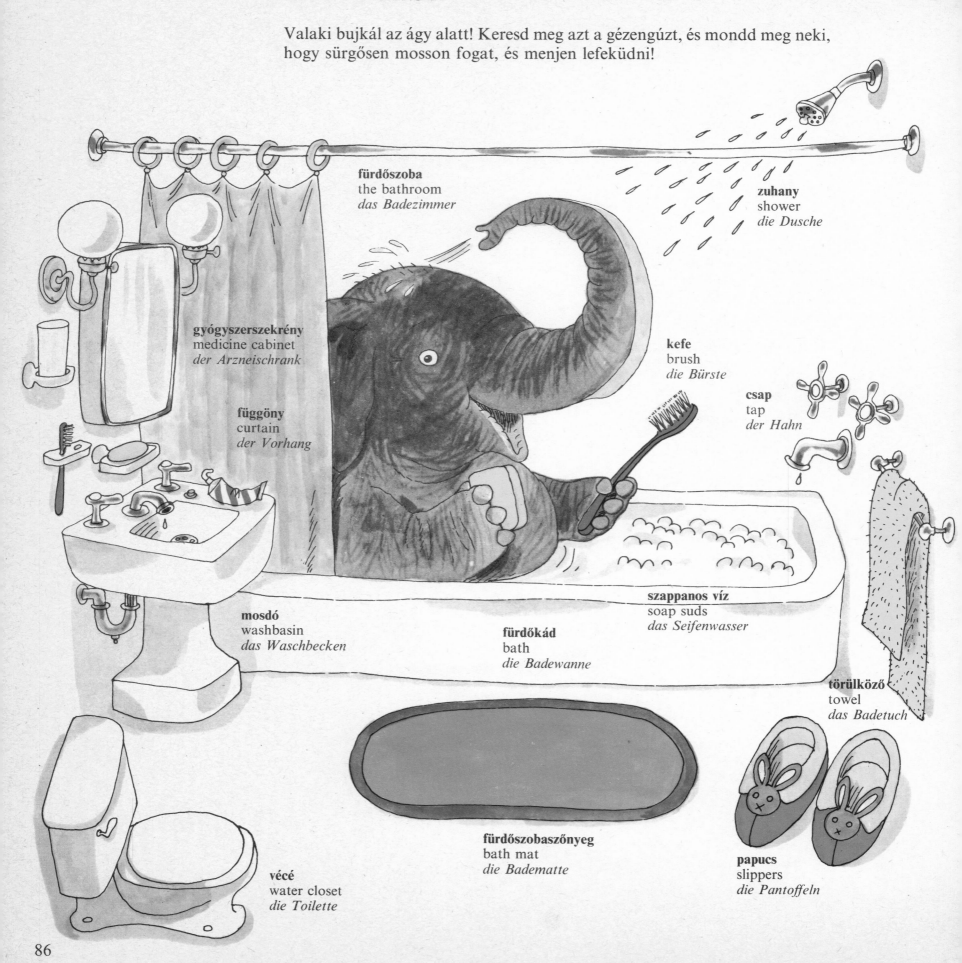

fürdőszoba
the bathroom
das Badezimmer

zuhany
shower
die Dusche

gyógyszerszekrény
medicine cabinet
der Arzneischrank

kefe
brush
die Bürste

csap
tap
der Hahn

függöny
curtain
der Vorhang

mosdó
washbasin
das Waschbecken

fürdőkád
bath
die Badewanne

szappanos víz
soap suds
das Seifenwasser

törülköző
towel
das Badetuch

vécé
water closet
die Toilette

fürdőszobaszőnyeg
bath mat
die Badematte

papucs
slippers
die Pantoffeln

mennyezet
ceiling
die Decke

fal
wall
die Wand

Mami
Mummy
Mutti

hold
moon
der Mond

festmény
painting
das Gemälde

csillagok
stars
die Sterne

könyv
book
das Buch

párna
pillow
das Kopfkissen

ESTI
MESE

takaró
blanket
die Bettdecke

játék
toy
das Spielzeug

lepedő
sheet
das Bettuch

ágy
bed
das Bett

egérlyuk
mousehole
das Mauseloch

éjjeliszekrény
chest of drawers
die Kommode

szőnyeg
rug
die Brücke

87

JÓ ÉJSZAKÁT MINDENKINEK!

csibe
the chick
das Küken

kismalac
the piglet
das Schweinchen

kutya
the dog
der Hund

macska
the cat
die Katze

tyúk
the hen
die Henne

medve
the bear
der Bär

nyúl
the rabbit
der Hase

róka
the fox
der Fuchs

kacsa
the duck
die Ente

méh
the bee
die Biene

egér
the mouse
die Maus

bagoly
the owl
die Eule

béka
the frog
der Frosch

mindannyian azt mondják	**JÓ ÉJSZAKÁT!**
all say	GOOD NIGHT!
alle sagen	*GUTE NACHT!*

A rozmárnak még eszébe jutott valami.
És neked? Nem szoktad elfelejteni?

A fordítás az alábbi kiadás alapján készült:

Richard Scarry's
European Word Book (adapted from BEST Word Book Ever)
The Hamlyn Publishing Group Limited London, 1979
© 1963 by Western Publishing Company Inc.
© 1980 by Richard Scarry. All Rights Reserved

© Réz András, 1986 – Hungarian translation
ISBN 963 11 5095 X

Móra Ferenc Ifjúsági Könyvkiadó, Budapest
Felelős kiadó: Sziládi János igazgató
Kossuth Nyomda (860 226), Budapest, 1986
Felelős vezető: Bede István vezérigazgató
Felelős szerkesztő: T. Aszódi Éva. Műszaki vezető: Szakálos Mihály
Képszerkesztő: Gáspár Imre. Műszaki szerkesztő: Szántai Ágnes
177 000 példány. Terjedelem: 15,35 (A/5) ív. IF 5679

kakas
cock
der Hahn

tyúk
hen
die Henne

csibe
chick
das Küken

vakondok
mole
der Maulwurf

levél
letter
der Brief

Richard Scarry
úrnak London

gitáros
guitarist
der Gitarrenspieler

varjú
crow
eine Krähe

nyuszi
rabbit
der Hase

ásó
spade
der Spaten

légy
fly
eine Fliege

egér
mouse
die Maus

esernyő
umbrella
der Schirm

váza
vase
eine Vase

malac
pig
das Schwein

bárány
lamb
das Lamm

rozmár
walrus
das Walroß